DAS ERSTAUNLICHE KINDERBUCH DER ASTROLOGIE UND STERNBILDER!

DER LEITFADEN FÜR ANFÄNGER ZUM WELTRAUM, LEGENDÄRE GESCHICHTEN ÜBER DIE STERNE SOWIE INTERESSANTE FAKTEN FÜR JUNGE ASTROLOGEN UND ASTRONOMEN IM ALTER VON 8 BIS 12 JAHREN

ANIELA PUBLICATIONS

ANIELA
publications

Rechtliche Hinweise:

Dieses Buch ist urheberrechtlich geschützt und nur für den persönlichen Gebrauch bestimmt. Ohne die Zustimmung des Autors oder Herausgebers können Sie keinen Teil oder Inhalt dieses Buches ändern, verbreiten, verkaufen, verwenden, zitieren oder umschreiben.

Haftungsausschluss:

Bitte beachten Sie, dass die in diesem Dokument enthaltenen Informationen nur zu Bildungs- und Unterhaltungszwecken dienen. Es wurden alle Anstrengungen unternommen, um genaue, aktuelle, zuverlässige und vollständige Informationen zu liefern. Es werden keine Garantien jeglicher Art erklärt oder impliziert.

Die Leser erkennen an, dass der Autor keine rechtlichen, finanziellen, medizinischen oder professionellen Ratschläge erteilt. Der Inhalt dieses Buches stammt aus verschiedenen Quellen. Wenden Sie sich an einen lizenzierten Fachmann, bevor Sie mit den in diesem Buch beschriebenen Techniken beginnen.

Durch das Lesen dieses Dokuments stimmt der Leser zu, dass der Autor unter keinen Umständen für direkte oder indirekte Verluste verantwortlich ist, die durch die Verwendung der in diesem Dokument enthaltenen Informationen entstehen, einschließlich, aber nicht beschränkt auf Fehler, Auslassungen oder Ungenauigkeiten.

INHALT

ASTROLOGIE FÜR KINDER

STERNBILDER FÜR KINDER

ASTROLOGIE FÜR KINDER

EIN LUSTIGER WEG, STERNZEICHEN ZU LERNEN UND ZU MEISTERN SOWIE DEINE POTENZIELLE ZUKUNFT ZU ENTDECKEN!

KAPITEL 1
WILLKOMMEN IN DER ERSTAUNLICHEN WELT DER ASTROLOGIE!

Vor Tausenden von Jahren glaubten die Menschen, dass die Sterne am Nachthimmel besondere Kräfte hätten. So wie die Götter dein Leben verändern konnten, dachten alle, dass die Sterne Menschen dazu bewegen könnten, sich in bestimmter Weise zu verhalten. Es mag jetzt seltsam klingen, aber damals ergab es vollkommen Sinn. Sie wussten bereits, dass die Sonne die Temperatur änderte und die Welt erhellte. Sie wussten auch, dass der Mond die Gezeiten kontrollieren und die Ozeane bewegen konnte. Warum sollten die Sterne also nicht auch Dinge kontrollieren?

Vor langer Zeit bemerkten Menschen, die in den Nachthimmel schauten, dass es Muster in den Sternen gab! Sie achteten darauf und erkannten, dass sich diese Muster über den Nachthimmel bewegten, aber sie erschienen immer an der gleichen Stelle an den gleichen Daten. So, schufen diese Beobachter die Astrologie: ein erstaunliches Werkzeug, um ihnen zu helfen, durch den Himmel zu navigieren und darauf zu achten, was die Sterne und Planeten tun! Astrologen glauben, dass Menschen auf der Erde durch die Position der Sterne weit oben beeinflusst werden können und dass die Astrologie uns sogar über Ereignisse hier auf der Erde informieren kann. Die antiken Astrologen teilten das Jahr in 12 verschiedene Bereiche auf, wobei jeder Bereich auf einem verschiedenen Muster am Himmel basierte. Sie nannten diese Muster Konstellationen und organisierten sie in einem Kreis, den sie Tierkreis nannten. Diese 12 Bereiche oder Teile sind als Steinbock, Wassermann, Fische, Widder, Stier, Zwillinge, Krebs, Löwe, Jungfrau, Waage, Skorpion und Schütze bekannt.

Der Tierkreis zeigt zwölf verschiedene Zeichen - meistens Sternzeichen genannt - und diese Zeichen haben jedes Jahr für etwa 30 Tage einen starken Einfluss. Astrologen glauben, dass jedes Zeichen beeinflussen kann, wie eine Person sich entwickeln wird, wenn sie unter seinem Einfluss geboren wird. Sie verbrachten Jahre damit, die Menschen um sie herum zu studieren und entdeckten die Ähnlichkeiten von Menschen, die unter demselben Zeichen geboren wurden. Diese Eigenschaften wurden zur Grundlage für die unterschiedlichen Persönlichkeitsmerkmale der Sternzeichen.

. . .

Astrologie ist keine strenge Reihe von Charakterzügen, die sich nicht ändern werden, sondern eine unterhaltsame Art und Weise, ein Gefühl der Zugehörigkeit und des Verstehens von Dingen zu haben, die uns so einzigartig machen! Es gibt so viele Dinge, die die Art und Weise bestimmen, wie wir uns verhalten, fühlen oder ausdrücken. Dinge wie Kultur, Erfahrungen, wer unsere Freunde sind und so weiter. Denke also daran, Astrologie kann ein lustiger Weg sein, um herauszufinden, welche Charakterzüge du mit anderen teilen könntest, die das gleiche Sternzeichen haben (oder sogar ein anderes Zeichen!). Du könntest Dinge sagen wie: „Ich kann nicht anders, als meine gute Laune im Raum zu verbreiten; ich bin Löwe!" oder „Wow! Mein bester Freund ist so hilfreich - typisch Stier."

EIN BLICK IN DIE VERGANGENHEIT - WO LIEGT DER URSPRUNG DER ASTROLOGIE?

Historiker nehmen an, dass es Astrologie, oder eine Form von Astrologie, bereits gab, seitdem wir alle in Höhlen lebten! Höhlenmalereien sind einfache Kunstwerke, die auf die Steinmauern von Höhlen und Gestein gezeichnet oder in sie eingemeißelt wurden. Forscher, die dafür verantwortlich sind, sie zu studieren, haben bemerkt, dass einige der Tiere, die auf den Bildern gezeichnet sind, überhaupt keine Tiere sind - sie zeigen tatsächlich die Konstellationen am Nachthimmel!

Diese Höhlenmalereien zeigen uns, dass die frühen Menschen die Positionen der Sterne nutzten, um wichtige Ereignisse wie einen Kometen, der die Erde trifft, vorherzusagen. Einige dieser Höhlenmalereien sind 40.000 Jahre alt! Die Menschen blicken schon sehr lange zu den Sternen auf, und die meisten von ihnen sind dieselben Sterne, die wir heute sehen.

DIE KONSTELLATIONEN

Die Muster, die die Menschen am Nachthimmel sehen, werden Konstellationen genannt. Sie sind Gruppen von Sternen, die mit einer imaginären Linie verbunden werden können, um ein Bild zu kreieren. Einige dieser Sternbilder wurden in Höhlenmalereien gefunden, was bedeutet, dass sie sehr alt sind. Der Stier wurde schon in der Bronzezeit an Wände gemalt! (Die Bronzezeit sind die Jahre zwischen 3300 und 1200 v. Chr., in etwa. Genau die Zeit, als Menschen das Rad erfanden und begannen, mit Metallen zu arbeiten!)

Weil die antiken Menschen sich immer darauf verlassen konnten, dass die Sternbilder oben am Himmel waren, benutzten sie sie, um die Zeit und die Monate im Auge zu behalten. Genau wie du vielleicht einen Kalender auf deinem

Handy hast, benutzten antike Menschen die Sternbilder als eine Art Kalender am Himmel.

Jedes Sternzeichen im Tierkreis ist nach einem anderen Sternbild benannt. Die meisten von ihnen sind Tiere, aber andere sind Menschen oder Objekte, die in populären griechischen Mythen auftauchen.

ASTROLOGIE IN ANTIKEN ZIVILISATIONEN

Höhlenmenschen mögen Muster in den Sternen gefunden und sie benutzt haben, um Daten zu verfolgen, aber erst viel später begannen antike Astrologen, dieses Denken in richtige Systeme zu organisieren. Was wirklich interessant ist, ist, dass die Menschen in verschiedenen Ländern auf der ganzen Welt ähnliche Bilder sahen und unabhängig die gleichen Berechnungen machten.

BABYLONISCHE ASTROLOGIE

Babylonien war Teil von Mesopotamien, einem großen Gebiet im heutigen Nahen Osten. Hier nutzten die Astrologen die Position der Sterne und Planeten, um die Jahreszeiten vorherzusagen und die beste Zeit für Aussaat, Ernte, Jagd und Fischfang zu bestimmen. Dies war eine wichtige Information, um das Volk zu ernähren und gesund zu halten. Babylonische Astrologen teilten das Jahr in zwölf verschiedene Abschnitte ein, die später die Tierkreiszeichen werden sollten.

Die Babylonier glaubten auch sehr an Omen. Omen sind Zeichen dafür, dass etwas Gutes oder Schlechtes passieren wird. Sie entdeckten viele dieser Omen in den Sternen und benutzten sie, um große Veränderungen vorherzusagen.

GRIECHISCHE ASTROLOGIE

Die Griechen verbrachten viel Zeit damit, in andere Länder einzumarschieren, und wenn sie es taten, lernten sie die Technologie und Wissenschaft dieser Länder kennen. Alexander der Große, ein bedeutender griechischer Herrscher, marschierte in Babylonien ein und brachte die Geheimnisse der Astrologie nach Griechenland zurück. Mit zusätzlichen Informationen von griechischen Astrologen wurde eine neue Form der Astrologie geboren - eine, die dein Sternzeichen verwendete, um ein Horoskop zu erstellen, das Vorhersagen über dein Leben machen konnte.

ÄGYPTISCHE ASTROLOGIE

Astrologie in Ägypten entwickelte sich unterschiedlich von der babylonischen Astrologie. Die Ägypter waren mehr daran interessiert, einen regelmäßigen Zyklus der Sterne aufzuzeichnen, deshalb teilten sie das Jahr in 36 verschiedene Teile, die Dekane genannt wurden. Jeder Teil wurde durch das Erscheinen eines neuen Sterns signalisiert. Als die Ägypter von den Griechen überfallen wurden, teilten sie diese Informationen mit ihnen. Die Griechen erkannten, dass die Dekane mit ihren Tierkreiszeichen übereinstimmten, wenn sie sie in Dreien gruppierten.

Die Ägypter verbanden ihre Dekane auch mit den vier verschiedenen natürlichen Elementen: Erde, Luft, Feuer und Wasser. Diese werden heute noch mit den verschiedenen Sternzeichen assoziiert und sind zu einem wichtigen Teil der westlichen Astrologie geworden.

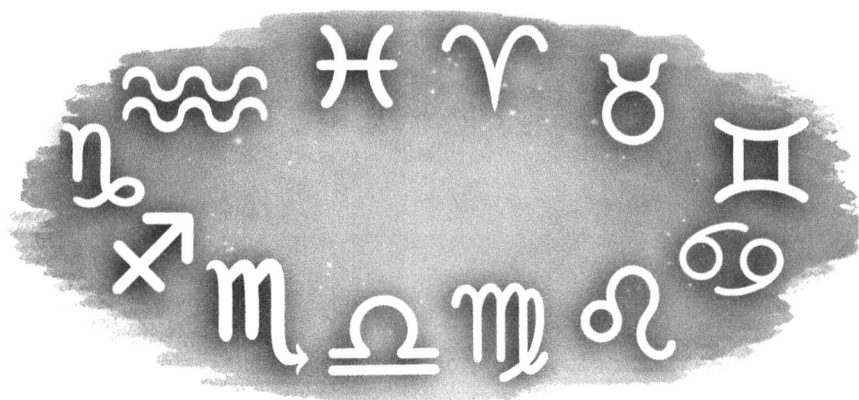

WESTLICHE ASTROLOGIE

Alle Beiträge dieser verschiedenen Zivilisationen führten zu dem, was wir heute in der Astrologie verwenden. Die westliche Astrologie hat zwölf Sternzeichen, die in einem Rad angeordnet sind. Dies macht es wirklich einfach, die Zeichen zu sehen, die einander gegenüberliegen, sowie die Zeichen, die nebeneinander sind. Jedes Zeichen beeinflusst jedes Jahr den gleichen Zeitraum, so dass es wirklich einfach ist, dein Sternzeichen zu identifizieren.

Die westliche Astrologie verwendet viele verschiedene Elemente, wenn sie eine Vorhersage über eine Person trifft. Sie schaut auf das Geburtszeichen sowie auf den Ort, an dem sich die Planeten an dem Tag befanden, an dem man geboren wurden. Das liegt daran, dass die westliche Astrologie die Erde und alles auf ihr als eine einzige Lebensform behandelt, so dass wir alle von den gleichen Veränderungen beeinflusst werden, die stattfinden.

In der westlichen Astrologie hat jedes Sternzeichen seinen eigenen herrschenden Planeten. Diese Planeten sind mit Persönlichkeitsmerkmalen und Fähigkeiten verbunden, die der Planet mit Menschen teilen wird, die unter seinem Einfluss geboren wurden. Jedes Zeichen ist auch mit einem natürlichen Element verbunden. Die Zeichen, die das gleiche Element teilen, haben gemeinsame Vorlieben und Verhaltensweisen, was bedeutet, dass sie gut miteinander auskommen.

DIE CHINESISCHEN TIERKREISZEICHEN

Nicht nur in Europa und im Nahen Osten war die Astrologie populär; chinesische Astrologen hatten zu einer sehr ähnlichen Zeit ihr eigenes System entwickelt. Die chinesische Astrologie unterscheidet sich von der westlichen Astrologie, weil sie ein Zeichen für das ganze Jahr hat. Ihre Zeichen sind alle nach verschiedenen Tieren benannt, aber es gibt immer noch zwölf von ihnen. Alle zwölf Jahre wiederholt sich der Zyklus.

DAILY HOROSCOPE

Dear Gemini, a new and exciting friendship is on the horizon! Be sure to keep your eye out. If someone new in class compliments your shoes, or helps you with a math problem, this could be your new BEST friend!

MAY 21-JUNE 20

MODERNE ASTROLOGIE

Astrologie war jahrhundertelang ein wirklich wichtiger Teil des Lebens der Menschen in Europa und Asien. Reiche Menschen zahlten dafür, ihre Horoskope von Astrologen lesen zu lassen und würden diese Informationen nutzen, um Entscheidungen über ihr Leben zu treffen. Sogar Könige und Königinnen würden auf der Grundlage von Informationen der Sterne über Schlachtpläne entscheiden oder wen sie heiraten sollten. Es war für den Adel üblich, einen Hofastrologen zu haben, der sie über Glückszeiten und gute Vorzeichen auf dem Laufenden hielt.

Am Ende des 18. Jahrhunderts begannen Wissenschaftler zu verbreiten, dass es vielleicht logischere Erklärungen für Ereignisse gäbe und dass Astrologie möglicherweise nicht sehr genau sei! Dies bedeutete, dass viele Menschen aufhörten, sich auf Astrologie zu verlassen, um ihnen Dinge zu sagen, wie die Wettervorhersage und wo sie ihre Tempel bauen sollten. Obwohl einige Menschen in dieser Zeit aufhörten, an Astrologie zu glauben, gibt es immer noch unzählige Menschen, die ihren Glauben nicht verloren haben und sie für viele verschiedene Dinge verwenden.

Heute sind die Menschen weitaus offener für unterschiedliche Überzeugungen, und die Astrologie ist zurückgekehrt. Wir wissen, dass die Wissenschaft einige Dinge beweisen kann, andere wiederum nicht. Das bedeutet, dass antike Ideen, einschließlich Astrologie und Alternativmedizin, nie als richtig oder falsch erwiesen wurden. Die Leute werden diese Dinge nutzen, wenn sie möchten. Manche Menschen meinen es mit ihrem Glauben sehr ernst, während andere Astrologie als eine Ressource empfinden, die sie lose interpretieren können.

Wie du die Informationen in diesem Buch verwenden möchtest, liegt ganz bei dir!

KAPITEL 2
LUSTIGE FAKTEN ÜBER DIE STERNZEICHEN

Bevor du mehr über dein eigenes Sternzeichen herausfindest, werfen wir einen Blick auf einige lustige Fakten über alle Zeichen. Ein lustiges Zeichen hat mehr Kinderdarsteller hervorgebracht als jedes andere und ein weiteres wird wahrscheinlich ein Milliardär sein, wenn es erwachsen ist, und welches Sternzeichen hatten die meisten US-Präsidenten? Vielleicht wird dieses Buch ein kleiner Blick in deine eigene Zukunft sein. Schließlich sagen die Leute oft, dass die Zukunft in den Sternen steht!

Viele der weltbesten Athleten sind mit dem Sternzeichen Wassermann geboren. Dazu gehören aktuelle Sportstars sowie die historischen Größen aus allen möglichen Sportarten. Muhammed Ali, Michael Jordan und die große Babe Ruth teilten sich alle dieses Sternzeichen, also muss es ziemlich toll sein, ein Wassermann zu sein.

Fische gehören zu den glücklichsten Menschen auf dem Planeten, vor allem bei der Arbeit. Sie genießen ihre Arbeit mehr als die meisten anderen Zeichen. Vielleicht liegt das daran, dass sie ihre Karrieren sorgfältig auswählen, oder vielleicht genießen sie es einfach, sich nützlich zu fühlen und in der Lage zu sein, einen Unterschied zu machen.

Widder sind die vorsichtigsten Fahrer und folgen den Straßenverkehrsregeln - die einzigen Tickets, die sie erhalten, sind die aus der Spielhalle! Das heißt aber nicht, dass sie immer langsam sind: Die legendären Rennfahrer Jacques Villeneuve und Ayrton Senna wurden unter dem Zeichen Widder geboren und sie waren definitiv nicht langsam am Steuer!

Erwischst du dich dabei, viele auswendig gelernte Fakten zu rezitieren und deine Freunde zu beeindrucken? Du könntest ein Stier sein; sie sind dafür bekannt, die erstaunlichste Erinnerung zu haben. Diejenigen, die unter dem Zeichen Stier geboren werden, haben Spaß daran, riesige Mengen an Informationen aufzubewahren, so dass sie wirklich gut in Schultests sind!

Zwillinge machen natürliche Detektive, weil sie wirklich aufmerksam sind. Sie sind das Zeichen, das am besten bei der Lösung visueller Rätsel wie Suche den Fehler, oder Wortsuche ist. Ok, Wörtersucher werden nicht bei der nächsten Olympiade antreten, aber Rätsel können ein lustiger Partytrick sein, um deine Freunde zu beeindrucken!

Krebse sind harte Arbeiter und sehr intelligent, weshalb sie eines der Zeichen sind, die am ehesten mehr als EUR 100.000 im Jahr verdienen! Nur weil du ein Krebs bist, ist dir nicht garantiert, dass du diese Art von Geld jemals zu Gesicht bekommen wirst, ohne super hart dafür zu arbeiten, aber es gibt etwas Besonderes an diesem Zeichen, das dich dazu bringt, gut abzuschneiden.

Einige der Sternzeichen haben von Natur aus viel Energie, und eines davon ist der Löwe. Wusstest du, dass du im Fitnessstudio eher einen Löwen findest als jedes andere Zeichen? Sie lieben es, aktiv zu sein, zu trainieren und fit zu bleiben.

Offensichtlich gibt es Milliarden von Menschen auf der Welt, also teilen sich viele Menschen den gleichen Geburtstag. Aber es gibt einen besonderen Geburtstag, der von mehr Menschen geteilt wird als jeder andere, und er steht zufällig im Sternzeichen der Jungfrau. Was ist das für ein besonderer Tag? Es ist der 9. September.

Welches Sternzeichen gehört zu den meisten Milliardären der Welt? Laut der Forbes Rich List ist es das Zeichen der Waage. Es gibt derzeit 32 Waage-Milliardäre in der Welt; das sind 12 % der gesamten Milliardäre! Wirst du einer von ihnen sein, wenn du groß bist?

Auch Skorpione haben viel zu bieten, denn dieses Sternzeichen hat uns mehr Weltführer beschert als jedes andere Zeichen: Unter diesem Sternzeichen sind insgesamt 22 aktuelle und ehemalige Präsidenten und Ministerpräsidenten aus verschiedenen Ländern geboren. Selbst in den USA gab es mehr Skorpion-Präsidenten als jedes andere Zeichen.

Liebst du es, aufzutreten und träumst du davon, auf der Bühne zu stehen oder auf einer Leinwand zu sehen zu sein? Wenn du ein Schütze bist, hast du eine gute Chance, dass dieser Traum wahr wird. Wenn du auf einige der größten Prominenten zurückblickst, die als Kind ins Rampenlicht getreten sind,

sind viele, und zwar sehr viele, Schützen. Dazu gehören Promis wie Britney Spears und Scarlett Johansson.

Wenn du ein Steinbock bist, kannst du dich besonders fühlen, weil du zum am wenigsten verbreiteten Zeichen gehörst. Das bedeutet, dass es auf der ganzen Welt weniger Steinböcke gibt als jedes andere Sternzeichen. Während der vom Steinbock regierten Daten findest du auch die zwei seltensten Geburtstage, und zwar den 25. Dezember und den 1. Januar. Es ist fast so, als ob Eltern nicht zu viele Geschenke gleichzeitig kaufen wollen!

Bist du bereit herauszufinden, welches Sternzeichen dir gehört? Lies weiter, dann wird alles enthüllt.

KAPITEL 3
SO FINDEST DU DEIN STERNZEICHEN

Du wusstest wahrscheinlich, wann dein Geburtstag ist, aber wussten du, dass dein Geburtstag dir verrät, was dein Sternzeichen ist? Bei deiner Geburt gab es ein Sternzeichen, das den Nachthimmel beherrschte. Astrologen glauben, dass das besondere Zeichen, das in dem Moment erscheint, in dem du geboren wurdest, deine Persönlichkeit dein ganzes Leben lang beeinflussen wird. In den nächsten Kapiteln erfährst du alles über die Tierkreiszeichen und wie sie dich mutig, fürsorglich, lustig und kreativ machen können. Zuerst musst du aber wissen, welches Zeichen du bist.

• Wenn dein Geburtstag auf oder zwischen dem 20. Januar und dem 18. Februar fällt, dann bist du ein luftiger Wassermann.

• Vom 19. Februar bis zum 20. März ist das herrschende Zeichen Fische, wenn also dein Geburtstag auf oder zwischen diese Daten fällt, bist du einer dieser sensiblen Fische.

• Zwischen dem 21. März und dem 19. April ist Widder verantwortlich. Dieser Widder gehört dir, wenn dein Geburtstag auf oder zwischen diese Daten fällt.

• Wenn du deinen Geburtstag am oder zwischen dem 20. April und dem 20. Mai feierst, dann stehst du unter dem Einfluss des erdigen Stiers, des großen Bullen.

• Fällt dein Geburtstag auf oder zwischen dem 21. Mai und dem 20. Juni? Wenn die Antwort ja ist, dann wird das Paar der Zwillinge im Element Luft über dich wachen.

• Vom 21. Juni bis 22. Juli ist Krebs, die Krabbe verantwortlich. Wenn dein Geburtstag auf oder zwischen diese Daten fällt, dann wirst du dich bei diesem wässrigen Zeichen wie zu Hause fühlen.

• Zwischen dem 23. Juli und dem 22. August ist die Domäne von Leo, dem Löwen beherrscht, der die Menschen, die an oder zwischen diesen Daten geboren sind, mit seinem Feuergebrüll beeinflusst.

• Wenn dein Geburtstag auf oder zwischen dem 23. August und

dem 22. September fällt, stehst du unter dem erdigen Einfluss der Jungfrau.

• Bist du am oder zwischen dem 23. September und dem 22. Oktober geboren? Wenn ja, bist du so ausgeglichen wie dein luftiges Sternzeichen Waage.

• Vom 23. Oktober bis 21. November ist die Zeit des Skorpions. Dieses Zeichen im Element Wasser beeinflusst jeden, der an oder zwischen diesen Daten Geburtstag hat.

• Zwischen dem 22. November und dem 21. Dezember ist das Zeichen, das den Himmel regiert, der Schütze. Wenn du an oder zwischen diesen Daten geboren wirst, dann werden dir seine feurigen Pfeile den Weg weisen.

• Schließlich, wenn dein Geburtstag am oder zwischen dem 22. Dezember und dem 19. Januar liegt, bist du ein Steinbock. Diese mythische Halbziege, Halbfisch, ist das letzte Erdzeichen auf unserer Liste.

Jetzt, da du weißt, was dein Sternzeichen ist, kannst du alles darüber herausfinden, was das bedeutet. Wenn du dein Zeichen kennst, kannst du verstehen, warum du einige Dinge mehr magst als andere. Es kann dir auch helfen, herauszufinden, warum dir einige Dinge leichter und andere schwerer fallen.

Informiere dich nicht nur über dein eigenes Zeichen. Wenn du die Sternzeichen deiner Freunde und deiner Familie kennst, könnt ihr euch einander besser verstehen. Hast du einen Freund, der immer ruhig ist und Schwierigkeiten hat, mit deiner stürmischen Art mitzuhalten? Klingt, als wärst du ein Feuerzeichen, und dein Freund ein Wasserzeichen. Anstelle von energischer Aktivität würde er gerne Zeit damit verbringen, etwas Kreatives mit dir zu tun. Könnten du und dein bester Freund den ganzen Tag in einer Fantasiewelt spielen? Ihr seid wahrscheinlich beide Luftzeichen, die es lieben, zu träumen und Abenteuer in imaginären Welten zu erleben.

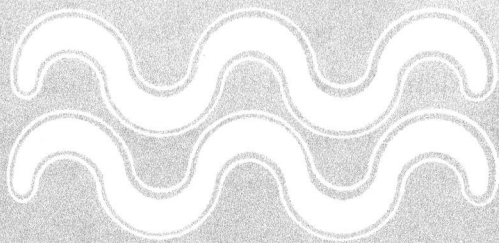

KAPITEL 4
WASSERMANN

Der Wassermann steht an erster Stelle auf dieser Liste, weil es das Sternzeichen ist, das seinen Einfluss im Januar beginnt, aber es ist eigentlich das 11. Zeichen des Tierkreises. Es ist ein Luftzeichen und wird oft durch ein Symbol aus zwei horizontalen Zickzacklinien dargestellt, die den Wind darstellen sollen.

Der herrschende Planet für Wassermann ist Uranus, der siebte Planet von der Sonne. Dieser kalte, blaue Planet beeinflusst die Zukunft, weshalb Wassermänner so gut darin sind, vorauszuplanen. Es verleiht diesem kühlen Sternzeichen auch seine Farbe, was hellblau zu einem wichtigen Einfluss macht. Viele Menschen denken, dass Wassermann ein Wasserzeichen ist, weil es mit der Farbe Blau verbunden ist, aber das ist nicht der Fall.

Ein weiterer Grund, warum die Menschen fälschlicherweise glauben, dass Wassermann ein Wasserzeichen ist, ist, weil das Sternbild Wassermann nach einem jungen Mann benannt wurde, der einen Krug mit Wasser trägt. Dieses Sternbild ist bekannt als Wassermann, der Wasserträger.

Alle Sternzeichen haben ihre eigenen Glückszahlen. Sie könnten dir etwas Besonderes bedeuten, oder du könntest die Chance bekommen, sie in Zukunft zu nutzen, um dir selbst etwas mehr Glück zu verschaffen. Für Wassermann sind die Glückszahlen 4, 7, 11, 22 und 29.

ALLES ÜBER DEN TOLLEN WASSERMANN!

Wenn du ein Wassermann bist oder einen Freund/eine Freundin hast, die unter diesem Sternzeichen geboren wurden, erkennst du vielleicht einige dieser Persönlichkeitsmerkmale. Wassermänner benutzen ihre Gehirne gerne. Sie wollen neue Dinge lernen und haben Freunde, mit denen sie darüber sprechen können. Deshalb sind sie am glücklichsten, wenn sie an einem Gruppenprojekt arbeiten, weil sie viele Leute haben, mit denen sie ihre Ideen besprechen können.

Man kann oft einen Wassermann tief in Gedanken finden und der versucht, alle Probleme der Welt zu lösen. Dies bedeutet jedoch, dass sie sich schnell langweilen können, wenn sie nichts Herausforderndes tun. Wassermänner werden oft von kreativen Themen wie Kunst und Musik oder von erfinderischen Themen wie Wissenschaft und Technik angezogen. Das liegt daran, dass sie die Grenzen des Themas verschieben und neue und spannende Projekte entwickeln können.

Weil sie gerne viel denken, sind Wassermänner oft still. Du wirst nicht oft feststellen, dass sie aufgeladen und voller physischer Energie sind - diese Art von Verhalten wird eher von den

Feuerzeichen erwartet. Diese ruhige Qualität macht sie zu guten Zuhörern, vor allem, wenn du ihnen deine Probleme mitteilst. Sie können dir helfen, Lösungen zu finden und dich ermutigen, über Probleme auf neue Weise nachzudenken.

Eine weitere gute Eigenschaft, die vom Wassermann kommt, ist, dass sie alles besser machen wollen. Sie mögen es, das Leben aller um sie herum zu verbessern. Als Erwachsener könnte das bedeuten, neue Erfindungen zu schaffen oder gemeinnützige Arbeit zu leisten, und als Kind könnte das bedeuten, den Rasen seines Nachbarn zu mähen oder bei der Hausarbeit zu helfen. Wassermänner stehen gerne für das ein, woran sie glauben, was sie wirklich gut darin macht, sich für eine Sache einzusetzen. Ein Wassermann wäre ein toller Klassensprecher!

LUFTIGE WASSERMANN-ABENTEUER!

Es kann eine Weile dauern, bis sich ein Wassermann an jemanden gewöhnt hat. Wenn du also das Glück hast, einen als Freund zu haben, stelle sicher, dass du immer freundlich zu ihm bist. Wassermänner sind kein Fan von gebrochenen kleinen Versprechungen oder davon enttäuscht zu werden. Sie nehmen sich Streitigkeiten zu Herzen und haben tiefe Gefühle. Tatsächlich fühlen die Wassermänner all ihre Emotionen sehr stark, was großartig ist, wenn sie glücklich und aufgeregt über etwas sind.

Wassermänner mögen es nicht, sich einsam und ausgelassen zu fühlen. Sie lieben es, in einer Gruppe zu sein, aber manchmal können sie auch ein wenig schüchtern sein, sich einzumischen. Das Beste, was du für einen Freund tun könntest, der ein Wassermann ist, ist, ihn einzuladen, mit dir zusammen etwas zu unternehmen und sicherzustellen, dass er sich immer einbezogen fühlt. Im Gegenzug belohnen sie dich mit interessanten Gesprächen, Loyalität und vollem Engagement.

FREUNDSCHAFTEN FÜR WASSERMANN!

Menschen mit den Sternzeichen Waage und Zwillinge schließen immer gute Freundschaften mit einem Wassermann. Sie sind auch Luftzeichen, und alle drei neigen dazu, ähnlich zu denken. Luft- und Feuerzeichen können auch gute Freunde sein, weil sie alle hervorragenden Antrieb zeigen können.

Schützen verstehen sich auch gut mit dem Wassermann. Die Zeichen sind auf dem Tierkreisrad sehr eng beieinander, was bedeutet, dass sie viel gemeinsam haben. Beide lieben es, Abenteuer zu erleben und neue Dinge auszuprobieren. Sie lieben auch interessante Gespräche und Aktivitäten, bei denen sie gemeinsam lernen können.

Ein weiterer guter Freund für einen Wassermann ist ein Löwe. Sie sind gegensätzliche Zeichen, haben aber noch viel gemeinsam. Sie sind beide ihren Freunden gegenüber loyal und lieben es, Zeit in Gruppen zu verbringen. Beide Zeichen kümmern sich sehr um ihre Freundschaften und werden sie immer unterstützen und pflegen.

KÜNSTLERISCHE KARRIEREN FÜR WASSERMANN!

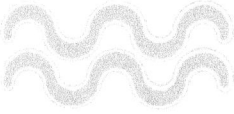

Das Wassermann-Zeichen kreiert gerne neue Dinge, weshalb es viele gute Wassermann-Musiker und -Schauspieler gibt. Wenn du dich schüchtern fühlst, auf der Bühne zu stehen, gibt es viele andere Jobs in derselben Branche, wie Kostüme zu machen oder als Background-Sänger zu fungieren.

Sie sind auch daran interessiert, neue Dinge zu entdecken und Probleme zu lösen, was bedeutet, dass die Arbeit an der Entwicklung neuer Technologien sie erfüllen würde. Wassermänner lieben es, anderen zu helfen. Wenn diese neue Technologie Krankheiten behandelt oder die Gesellschaft verbessert, ist das noch besser. Weil Wassermänner so gut darin sind, Dinge zu erklären und es lieben, andere zu erziehen, sind sie oft fantastische Lehrer.

KAPITEL 5
FISCHE

Die Fische sind das zwölfte und letzte Zeichen des Tierkreises. Sie haben ihren Namen von einem Sternbild zweier Fische, daher ist es nicht verwunderlich, dass Fische ein Wasserzeichen sind. Eine besondere Farbe für den Fisch ist hellgrün.

Der herrschende Planet der Fische ist Neptun, der achte Planet, der von der Sonne entfernt ist. Neptun wird als Eisriese bezeichnet, weil er groß, frostig und mit eisigen Chemikalien bedeckt ist, aber das bedeutet nicht, dass Fische kalte Menschen sind. Tatsächlich bedeutet von Neptun regiert zu werden, dass ihr eine große Vorstellungskraft und eine starke spirituelle Seite habt.

Wie alle anderen Sternzeichen haben Menschen, die unter Fischen geboren wurden, ihre eigenen Zahlen, die ihnen in ihrem Leben helfen.

Möglicherweise wirst du bemerken, dass sie immer wieder in Dingen wie deiner Telefonnummer, Adresse oder den Adressen deiner Freunde auftauchen. Für Fische haben die Zahlen 3, 9, 12, 15, 18 und 24 eine besondere Bedeutung.

LERNE DIE ANGENEHMEN FISCHE KENNEN!

Fische sind große Träumer und verbringen ihre Zeit damit, über mystische und fantastische Dinge nachzudenken. Sie sind extrem aufgeschlossen und könnten sich damit beschäftigen, Antworten auf die großen Fragen zu finden, wie warum ist der Himmel blau, warum sind Flamingos rosa und warum muss ich ins Bett?

Wenn du Fische kennst, sind sie wahrscheinlich die Freunde, die die beste emotionale Unterstützung geben. Wenn du traurig bist, werden sie da sein, mit einer Schulter zum Anlehnen und einem Ohr, um all deinen Problemen zuzuhören. Fische werden oft als einfühlsam bezeichnet, was bedeutet, dass sie gut darin sind, die Emotionen anderer Menschen zu spüren und mit ihren eigenen sehr verbunden sind. Sie werden sich glücklich fühlen, wenn du es bist, und traurig, wenn du es bist, was dazu beiträgt, dass sich ihre Freunde nicht allein fühlen.

Fische interessieren sich sehr für die Gefühle ihrer Freunde. Wenn du sie brauchst, werden sie alles tun, um der beste Freund zu sein und dich zu unterstützen. Tatsächlich ist die Unterstützung ihrer Freunde und Familie eine ihrer größten

Prioritäten. Wenn du ein Fisch bist, dann vergiss einfach nicht, auch auf dich selbst aufzupassen! Aber meine Güte, sind deine Freunde und deine Familie nicht glücklich, dich zu haben?

Wie Wassermann lieben Fische es, kreativ zu sein, und wenn sie keine Musik spielen, keine Geschichten schreiben oder Bilder malen, könnten sie das Gefühl haben, dass ihre Energie langweilig wird. Viele Fische wählen eines dieser Hobbys als Karriere, entweder, um andere zu unterrichten oder sie selbst aufzuführen.

Fische sind sehr freundlich und genießen es, neue Leute kennenzulernen, was es ihnen leicht macht, Freunde zu finden. Du weißt, dass du ihnen deine Geheimnisse erzählen kannst, weil sie sehr vertrauenswürdig sind. Fische haben ein großes Herz mit Platz für alle. Sie lieben ihre Freunde, ihre Familie und ihre Haustiere sehr.

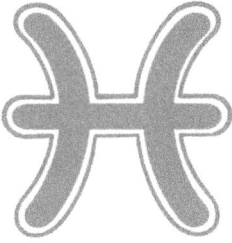

FISCHE PERSÖNLICHKEITEN SIND SO POSITIV!

Fische bevorzugen es, die Welt in einem sehr positiven Licht zu sehen, in dem alle Freunde sind. Wenn sie also sehen, dass jemand ein großer Fiesling ist, kann sie das wirklich aufregen. Fische glauben fest daran, andere so zu behandeln, wie sie selbst behandelt werden möchten.

Weil Fische so kreativ sind, können sie traurig werden, wenn jemand nicht sofort Spaß an seiner Arbeit hat. Fische werden Herz und Seele in ein Projekte stecken. Wenn also jemand nicht schnell zeigt, wie sehr er es mag, könnten Fische sich dies zu Herzen nehmen. Sie sind künstlerisch engagiert, um andere glücklich zu machen, und wenn das nicht funktioniert, kann es Fische sehr traurig machen.

KUMPELS FÜR FISCHE!

Fische versuchen gerne, mit allen auszukommen, aber sie werden feststellen, dass einige Zeichen sie glücklicher machen als andere. Sie fühlen sich zu den anderen Wasserzeichen wie Skorpion und Krebs hingezogen, finden es aber auch einfach, sich mit den Erdzeichen anzufreunden.

Jungfrau und Fische arbeiten gut zusammen, weil sie beide das Gleiche von einer Freundschaft erwarten: jemanden, der immer für sie da ist. Sowohl Jungfrau als auch Fische genießen es, anderen zu helfen und unterstützend zu sein. Indem sie also mit einer Jungfrau befreundet sind, haben Fische auch jemanden, der sich um sie kümmert.

Stier ist ein weiteres Zeichen, das gut mit Fischen zurechtkommt, obwohl die beiden Zeichen entgegengesetzte Eigenschaften haben. Ein Stier betrachtet die Welt auf eine sehr realistische Weise, und ein Fisch ist eher ein Träumer. Gemeinsam arbeiten sie gut, um sich gegenseitig auszugleichen. Beide verbringen auch gerne Zeit mit jemandem, der ihnen unterschiedliche Denkweisen zeigen kann.

BERUFE, DIE FISCHE STÄRKEN!

Weil Fische so fürsorglich sind, wäre ein Job, bei dem sie sich um andere Menschen kümmern können, sehr erfüllend. Von Ärzten und Krankenschwestern bis hin zu Kinderbetreuung und sogar Tierbetreuung gibt es viele verschiedene Möglichkeiten, wie Fische ihre Zeit damit verbringen können, anderen zu helfen. Fische sind auch gute Therapeuten, weil sie in der Lage sind, sich auf die Gefühle anderer Menschen zu beziehen.

Eine weitere gute Option für Fische ist es, etwas Kreatives und Künstlerisches zu tun. Sie lieben es, etwas Neues zu entwerfen und herzustellen, Geschichten zu erzählen und der Welt wieder etwas mehr Magie hinzuzufügen. Ein normaler Bäcker kann Kuchen backen, aber ein Fische-Bäcker wird wunderbare Geburtstagskuchen herstellen, die die Show auf jeder Geburtstagsparty stehlen werden!

KAPITEL 6
WIDDER

Als der Tierkreis von antiken Astrologen erschaffen wurde, wählten sie das Startdatum als den Tag im Frühling, an dem sich die Sonne direkt über dem Erdäquator befindet. Dies wird die Frühlings-Tagundnachtgleiche genannt, und es ist ein besonderer Tag, weil die Länge des Tages und der Nacht genau gleich ist. Der Tierkreis beginnt an diesem Tag mit dem Widder, dem ersten Sternzeichen des Tierkreises.

Widder ist ein Sternbild, das wie ein riesiger Rammbock aussieht. In der griechischen Mythologie hatte dieser Widder ein seltenes, goldenes Vlies. Da Widder ein Feuerzeichen ist, ist seine besondere Farbe Rot. Der Widder wird auch vom roten Planeten Mars beherrscht. Mars ist der vierte Planet von der

Sonne und soll die Menschen entschlossen sowie getrieben zum Erfolg machen.

Menschen, die unter dem Sternzeichen Widder geboren wurden, haben auch ihre eigenen Glückszahlen. Diese sind 1, 8 und 17. Es ist nicht wirklich verwunderlich, dass dies die Nummer eins einschließt, denn Widder lieben es, bei allem an erster Stelle zu stehen!

ALLES ÜBER DIE ERSTAUNLICHEN WIDDER!

Widder sind voller Energie. Sie müssen immer irgendwas tun, und sie können es nicht ertragen, sich zu langweilen. Was auch immer sie tun, Widder streben danach, der oder die Beste zu sein, weil sie sehr konkurrenzfähig sind. Ein Widder wird hart arbeiten und sich wirklich darauf konzentrieren, alles zu lernen, was er tun kann, um sich zu verbessern. Widder sind besonders gut in unabhängigen Sportarten wie Tennis, Golf und Schach, weil sie so fokussiert sind. (Sie sind aber auch ein tolles Teammitglied!)

Hast du etwas, das du mehr als alles andere liebst und dir wünschst, dass alle anderen es auch tun würden? Widder können wirklich leidenschaftlich und enthusiastisch sein, und sie lieben es, dies mit anderen zu teilen. Sobald ein Widder findet, was er liebt, ist er mit Herz und Seele dabei.

Sie sind auch wirklich entschlossen und hängen nicht gerne an einem Problem fest. Wenn du also ein Widder bist, nimm dir die Zeit, um über die beste Lösung für das Problem nachzudenken, und hetze dich nicht! Dies kann einen großen Unterschied ausmachen.

Widder sind wirklich lustige Freunde, weil sie immer an aufregende Dinge denken, die jeder tun kann. Sie lieben es, neue Leute kennenzulernen und werden mit jedem sprechen, ohne sich schüchtern oder nervös zu fühlen. Widder machen sich nie Gedanken darüber, was die Leute von ihnen denken, weil sie wissen, dass sie großartig sind!

Es ist jedem klar, dass Widder ein Feuerzeichen ist, weil sie so viel Energie haben. Dieses Feuer stärkt auch ihre Emotionen und macht ihre inneren Gefühle sehr offensichtlich. Du musst nicht raten, in welcher Stimmung sie sind!

EIN WIDDER LIEBT ES, AKTIV ZU BLEIBEN!

Weil Widder die ganze Zeit so aktiv sind, wirft es sie aus der Bahn, wenn es eine Verzögerung oder eine Unterbrechung gibt. Wegen ihrer feurigen Natur können Widder nicht gut mit Langeweile umgehen. Obwohl dies einen mürrischen Widder erschaffen könnten, keine Sorge, sie heitern superschnell wieder auf!

Widder können sich auch frustriert fühlen, wenn sie glauben, dass sie nicht ihr Bestes gegeben haben. Widder fühlen sich beim Sport vielleicht wohler und würden ihr sportliches Talent lieber einsetzen, als drinnen zu bleiben. Dies ist eine wichtige Sache, an die man denken sollte, wenn man eine Karriere auswählt. Widder lieben es, Dinge zu tun, in denen sie gut sind, und möchten glänzen, indem sie ihre Fähigkeiten gut einsetzen.

VERBÜNDETE EINES WIDDERS!

Die anderen Feuerzeichen, Löwe und Schütze, werden immer eine gute Zeit mit einem Widder haben. Diese Zeichen sind alle voll mit derselben hellen Energie, und sie lieben es, zusammen aktiv zu sein. Leo und Schütze können mit den Gedanken und Ideen eines Widders mithalten und geben in einer Diskussion alles, was sie zu bieten haben.

Leo und Widder werden fast immer beste Freunde sein. Beide Zeichen lieben Abenteuer und die Erkundung neuer Dinge, so dass sie sich nie langweilen werden, wenn sie zusammenkommen. Widder und Leo sind beide wirklich gute Kommunikatoren. Sie hören sich gegenseitig zu, auch wenn sie unterschiedlich sind.

Ein weiteres Zeichen, das gut mit Widder auskommt, ist Waage. Sie befinden sich auf gegenüberliegenden Seiten des Tierkreises, und das bedeutet, dass sie entgegengesetzte Persönlichkeiten haben, aber das heißt auch, dass sie sich ausbalancieren. Widder lieben es, zu führen und Entscheidungen zu treffen, was für Waage spannend ist. Waagen sind ruhiger und sanfter, was bedeutet, dass sie nicht mit Widdern streiten und eher zustimmen als widersprechen.

ABENTEUERLICHE BESCHÄFTIGUNGEN FÜR WIDDER!

Widder lieben Herausforderungen und wollen oft eine Karriere, in der sie an die Spitze kommen können. Widder sind großartige Verkäufer, weil sie es einfach finden, mit anderen zu sprechen. So wie Lehrerinnen und Lehrer gute Noten und gutes Verhalten belohnen, gibt es in Verkaufsberufen oft etwas Ähnliches: einen Bonus, und Widder lieben es, nach einem Preis zu streben!

Widder sind auch großartige Manager. Sie lieben es, Teams zu leiten und Menschen zu inspirieren. In vielen Berufen in der Geschäftswelt werden Manager gebraucht, die Teams von Mitarbeitern leiten, also kann ein Widder immer einen Managementjob in einem Bereich finden, der ihn interessiert.

Weil Widder abenteuerlustig sind, werden sie einen Job genießen, der sie an neue Orte bringt. Als Reiseleiter zu arbeiten oder Touristen das Surfen zu lehren, wäre ideal. Sie können nicht nur viele interessante Menschen treffen, sondern auch ihr lokales Wissen demonstrieren. Sie unternehmen auch gerne viel an ihren freien Tagen, um alleine oder mit ihren Freunden auf Erkundungstour zu gehen.

KAPITEL 7
STIER

Das zweite Zeichen des Tierkreises ist ein weiteres starkes Tier: der große Bulle, der Stier. Stier ist ein Erdzeichen, und sein herrschender Planet ist Venus, der zweite Planet von der Sonne. Durch diese Kombination möchte sich der Stier mit allem und jedem verbunden fühlen. Sie sind sehr sensorisch orientiert, was bedeutet, dass Umarmungen von ihren Haustieren Stiere mit Sicherheit glücklich machen werden!

Als Erdzeichen ist es offensichtlich, warum die charakteristische Farbe des Stiers Grün ist, aber sie haben auch eine andere besondere Farbe: rosa. Sie haben auch spezielle Nummern, und diese können einem Stier Glück bringen. Die besonderen Zahlen des Stiers sind 2, 6, 9, 12 und 24.

DER GRANDIOSE STIER!

Eine der Hauptqualitäten eines Erdzeichens ist, dass sie solide und zuverlässig sind. Menschen, die unter dem Sternzeichen Stier geboren werden, sind nicht anders. Du kannst dich darauf verlassen, dass ein Stier immer für dich da ist, wenn du ihn brauchst. Du kannst ihnen auch als Studienpartner vertrauen, da sie ihre Teile des Projekts definitiv abliefern werden.

Stiere sind auch fleißige Arbeiter. Sie werden nicht aufhören, bis ein Projekt vollständig abgeschlossen ist, auch wenn es viele Monate dauert. Wenn du jemanden brauchst, der dir hilft, ein langes Videospiel zu beenden, dann ist ein Stier der oder die Richtige. Es macht ihnen nichts aus, wenn ewig dauert, denn eine weitere gute Eigenschaft eines Stiers ist, dass sie sehr geduldig sind.

Man findet nicht oft einen Stier, der mit dem Kopf in den Wolken steckt. Stiere sind sehr bodenständig - was würde man sonst von einem Erdzeichen erwarten? - und obwohl sie die Kreativität fantastischer Welten und Ideen genießen, ziehen sie es oft vor, der Welt um sie herum Aufmerksamkeit zu schenken.

Stiere lieben es, kreativ zu sein und schöne Dinge zu machen, besonders wenn dies natürliche Elemente beinhaltet. Sie sind sehr zu Hause, wenn sie gärtnern und sich um bunte Blumen kümmern, aber sie mögen es vielleicht auch, zu kochen, zu malen und Musik zu spielen. Stiere sind sehr praktisch, also Dinge zu machen - oder sich um Dinge zu kümmern - die mit ihren Händen zu tun haben, wird ihnen Freude bereiten.

Während Feuerzeichen superschnell Freunde finden, nimmt sich Stier in dieser Hinsicht gerne Zeit. Wenn du mit einem Stier befreundet bist, kann es eine Freundschaft sein, die ein Leben lang hält! Stiere sind sehr hilfsbereite Freunde, und sie bieten immer Hilfe an: Wenn zum Beispiel deine Fahrradkette reißt, dann sind sie die Ersten, die dir helfen.

STIER SCHÄTZT ZEIT UND AUFGABEN!

Stiere sind manchmal so in der realen Welt verankert, dass sie es nicht aushalten können, wenn sich etwas ändert. Eine plötzliche Planänderung kann sie verärgern und sie nervös machen. Glücklicherweise reicht oft ein guter Klaps auf den Rücken und ein ruhiges Wort von ihren Freunden aus, damit sie sich wieder stabil fühlen.

Stiere denken die Dinge gerne sorgfältig durch und haben in der Regel ihren ganzen Tag geplant. Das bedeutet, dass sie es in der Regel mögen, wenn die Dinge nach Plan laufen, und dass sie es vorziehen, an ihrem Tag keine Veränderungen vorzunehmen.

VERBÜNDE DICH MIT EINEM STIER!

Die anderen Erdzeichen – Jungfrau und Steinbock - sind gute Freunde für einen Stier. Das liegt daran, dass sie alle in einer ähnlichen, praktischen Art und Weise denken. Stiere mögen es schwierig finden, mit den eher nach außen gerichteten Zeichen wie Löwe und Widder oder dem fantasievollen Wassermann, der immer von der Zukunft träumt, befreundet zu sein.

Hast du jemals das Sprichwort gehört, dass Gegensätze sich anziehen? Es gilt für Magnete, aber auch für Stiere und ihr gegenüberliegendes Sternzeichen, Skorpion. Anstatt sich gegenseitig mit ihren unterschiedlichen Denk- und Verhaltensweisen zu ärgern, werden sie durch das, was sie gemeinsam haben, angezogen. Stier und Skorpion sind beide sehr loyale und unterstützende Menschen, was wichtig ist, um eine starke Freundschaft aufzubauen. Der Skorpion kann dem Stier zeigen, wie er energiegeladen und aufgeregt über neue Abenteuer sein kann, und der Stier wird dem Skorpion beibringen, wie man Pläne schmiedet und zuverlässig ist.

TOLLE CHARAKTERZÜGE DER STIERE!

Es gibt viele Dinge an einem Stier, die sie zu wirklich guten Arbeitern machen. Jeder Beruf, in dem sie an Projekten arbeiten, Pläne schmieden und über kleine Details nachdenken müssen, wird einen Stier beschäftigen und auslasten. Stiere sind auch fantastisch darin, ihre Finanzen zu verwalten, so dass die Arbeit in einer Bank oder in der Finanzbranche genau das Richtige für sie wäre.

Die Arbeit in der Natur ist ein weiterer großer Weg für einen Stier. Sie würden gerne als Farmer arbeiten, sich um Tiere im Zoo kümmern oder Pflanzen als Botaniker studieren. Auch ein Job in einem Blumenladen oder als Landschaftsgärtner wäre für dieses erdige Zeichen interessant.

KAPITEL 8
ZWILLINGE

Dieses Zeichen ist nach zwei verschiedenen Personen aus der griechischen Mythologie benannt: den Zwillingen Castor und Pollux. Dies ist das dritte Zeichen des Tierkreises und ein weiteres Zeichen, das mit dem Element Luft verbunden ist. Zwillinge werden oft durch die Farbe Gelb dargestellt, was sie zu einem hellen und fröhlichen Zeichen macht.

Der herrschende Planet für alle Zwillinge ist Merkur, der Planet, der der Sonne am nächsten ist. Merkur war der Bote für die Götter, und dieser Planet macht Zwilling wirklich gut darin, mit anderen zu kommunizieren.

Alle Sternzeichen haben spezielle Zahlen, die als besonders glücklich gelten. Zwillinge haben die Zahlen 5, 7, 14 und 23. Wenn du ein Zwilling bist und diese Zahlen in deinem Leben bemerkst, könnte es ein Zeichen dafür sein, dass das Universum gute Dinge auf deinen Weg sendet.

BLICK AUF DIE TOLLEN ZWILLINGE!

Weil Zwillinge von zwei vertreten werden, haben sie eine ganze Menge Persönlichkeit kombiniert in einer Person. Manchmal scheint ein Zwilling von einem Verhalten zum anderen zu wechseln - von wirklich gesprächig und freundlich zu plötzlich ruhig und in sich gekehrt. Das ist völlig normal, und ein Teil des Spaßes, einen Zwilling zu kennen, ist, dass er so anpassungsfähig ist.

Anpassungsfähigkeit macht Zwillinge zu dem Zeichen, das am wenigsten stur ist. Sie lieben Veränderungen und suchen oft nach neuen Erfahrungen. Zwillinge stehen selten still und hängen gerne mit vielen Gruppen von Freunden ab, die verschiedene Aktivitäten und Projekte durchführen. Es ist eine gute Sache, dass sie so einfach Freunde finden, weil sie viele verschiedene Persönlichkeiten genießen, um sie zu beschäftigen.

Zwillinge lieben es zu reden, und sie sind glücklich, mit jedem und allen zu plaudern. Du wirst selten erleben, dass sie Streit mit Menschen anzetteln, die eine unterschiedliche Meinung haben. Tatsächlich wird ein Zwilling höchstwahrscheinlich seine Meinung ändern, wenn du ihm einige neue Fakten mitteilst.

Wenn du einen Zwilling Freund hast, dann bist du wirklich gesegnet, weil sie die sanftesten und freundlichsten Menschen sind. Sie sind auch unterhaltsam und sorgen dafür, dass ihr immer eine gute Zeit zusammen habt. Zwillinge kümmern sich sehr um ihre Freunde und werden dies zeigen, indem sie sie mit Bewunderung überschütten, wann immer sie die Chance bekommen.

ZWILLINGE GLÄNZEN IN GRUPPEN!

Weil Zwillinge immer auf der Suche nach etwas Neuem sind, treibt es sie zur Weißglut, immer wieder dasselbe zu tun. Wenn sie in den gleichen Routinen stecken bleiben, werden sie versuchen, auf jede erdenkliche Weise herauszukommen. Aber natürlich braucht jeder Routine wie Zähneputzen und Hausaufgaben, also gestalten Zwillinge es lieber lustig!

Zwillinge mögen es nicht, allein zu sein. Auch wenn sie Dinge wie Lesen, Musik hören und Filme sehen lieben, würden sie diese Dinge viel lieber mit ihren Freunden als allein tun. Wenn ein Zwilling entscheidet, dass er etwas Zeit für sich allein haben muss, wird es nicht lange dauern, und er wird bald wieder zu seinem sozialen Selbst zurückkehren.

MIT EINEM ZWILLING ZURECHTKOMMEN!

Es ist fast unmöglich, nicht mit einem Zwillinge zurechtzukommen, weil sie so aufgeschlossen und freundlich sind. Wasserzeichen können sich als schwierig erweisen, weil sie eine tiefere Freundschaft wollen, und Feuerzeichen lieben die soziale Energie, die die Zwillinge haben.

Aber die besten Zeichen, die mit einem Zwilling auskommen, sind die anderen Luftzeichen, Wassermann und Waage. Sie lieben es, lange, intelligente Diskussionen zu führen und gemeinsam neue Ideen und Abenteuer zu entwickeln.

Da Zwillinge ein Paar haben, das auf sie herabschaut, können sie sich manchmal wie zwei verschiedene Menschen fühlen. Sie brauchen einen guten Freund, der nichts dagegen hat, dass sie an einem Tag voller Energie stecken und am nächsten allein zu Hause sein wollen, und Zwillinge werden diesen Freund in einem Schützen finden. Schützen sind unbeschwert und gedeihen in sich verändernden Situationen, so dass sie kein Problem haben, mit den bunten Emotionen eines Zwillings umzugehen. Sie werden auch Zwillinge auf ihre Abenteuer mitnehmen und sie in viele aufregende neue Erfahrungen einführen.

TOLLE JOBS FÜR EINEN BEGABTEN ZWILLING!

Um in ihrer Karriere wirklich zufrieden zu sein, müssen Zwillinge einen Job haben, bei dem sie jeden Tag etwas anderes tun. Sie neigen dazu, sich zu langweilen, wenn sie an ein und demselben Projekt arbeiten, bis es fertig ist, und sie würden es vorziehen, sich mit verschiedenen Aktivitäten zu beschäftigen und so oft wie möglich in einer anderen Umgebung zu sein. Daher blühen Zwillinge in Jobs wie Fotografie oder Tour Management von Stars auf, wo sie jeden Tag einen neuen Ort besuchen und neue Leute treffen!

Andere gute Karrieren für Zwillinge beinhalten Situationen, in denen sie gut mit anderen kommunizieren müssen, wie zum Beispiel als Lehrer oder Tutor. Zwillinge sind nicht nur jeden Tag anders, sondern auch so freundlich und gesprächig, dass sie in der Lage sein werden, selbst mit den schwierigsten Schülern in Kontakt zu treten.

Zwillinge lieben es, ihr eigener Chef zu sein, also ist es ein Traumjob, als Freiberufler zu arbeiten oder ein eigenes Unternehmen zu führen. Wenn ein Zwilling für seine eigene Karriere verantwortlich ist, kann er genau das tun, was er will und seine eigenen Interessen verfolgen. Wenn sie von dem inspiriert sind, was sie lieben, werden sie wirklich hart arbeiten, also ist es eine Win-Win-Situation.

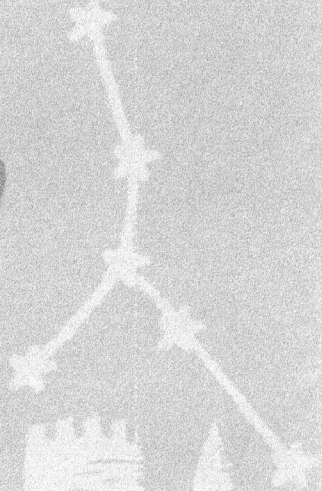

KAPITEL 9
KREBS

Das vierte Tierkreiszeichen ist ein weiteres Wasserzeichen. Dieses Zeichen ist nach dem Sternbild einer Riesenkrabbe benannt. Man könnte meinen, dass die Farbe, die mit Krebs assoziiert wird, rot ist - wie eine Krabbe - aber es ist eigentlich weiß. Das macht Sinn, wenn man herausfindet, dass Krebs vom Mond beherrscht wird.

Tatsächlich ist Krebs eines von nur zwei Tierkreiszeichen, das keinen herrschenden Planeten hat. Der Mond ist kein Planet, aber er ist wirklich wichtig für die Erde, weil er hilft, die Gezeiten zu kontrollieren. Dies stärkt seine Verbindung mit Wasser, daher ist er natürlich mit dem Element Wasser assoziiert.

Krebs hat seine eigenen speziellen Zahlen, genau wie die anderen Sternzeichen. Diese sind 2, 3, 15 und 20. Halte die Augen offen und du kannst sie in deinem Leben als Glücksbringer auftauchen sehen.

MERKMALE EINES KREBSES!

Emotionen sind wirklich wichtig für alle Wasserzeichen. Es ist bekannt, dass Krebse ihre Entscheidungen emotional treffen und in der Regel von dem geleitet werden, was sie fühlen. Sie sind oft dafür bekannt, von ihrem Herzen geleitet zu werden: Wenn ein Krebs Eis zum Abendessen will, wird er das auch bekommen!

Krebse sind sehr gut darin, die Gefühle anderer nachzuempfinden, und sie werden alles tun, um sicherzustellen, dass sich ihre Freunde und Familie geliebt fühlen. Diese Menschen sind etwas ganz Besonderes für Krebse, und sie können sich nicht entspannt und zu Hause fühlen, wenn jemand, den sie lieben, unglücklich ist.

Obwohl Krebse gerne Kontakte knüpfen, gedeihen sie wirklich während ihrer „Allein-Zeit". Da Krebse während ihrer „Allein-Zeit" so unabhängig sind, fällt es ihnen leicht, konzentriert zu bleiben, ohne abgelenkt zu werden. Das bedeutet, dass sie wirklich gut darin sind, ihre Hausaufgaben zu erledigen oder ein Projekt fertigzustellen, an dem sie arbeiten, wie z. B. ein Gemälde oder ein tolles Videospiel zu programmieren!

KREBSE SIND RUHIG UND FÜRSORGLICH!

Es kann einige Zeit dauern, bis ein Krebs mit neuen Menschen warm wird, aber wenn sie es tun, wird es zu einer echten Freundschaft. Sie sind gesellig, aber manchmal ein wenig schüchtern. Sie schätzen einen Freund, dem sie vertrauen können, also halte deine kleinen Versprechen mit einem Krebs ein!

In der Nähe der Familie zu sein und zu Hause abzuhängen ist für einen Krebs wirklich wichtig, weil dies ihr Lieblingsort ist. Sie haben starke Familienwerte und werden ihr Rudel wie ein wahrer Held verteidigen! Du kannst dich immer darauf verlassen, dass ein Krebs zu dir steht, wenn du ihn am meisten brauchst.

GEFÄHRTEN FÜR EINEN KREBS!

Weil Krebse so im Einklang mit ihren Gefühlen sind, brauchen sie Freunde, die ihre stille Natur verstehen. Die Zeichen, die am besten geeignet sind, freundlich und sanft mit Krebs umzugehen, sind die anderen Wasserzeichen, Fische und Skorpione. Sie wissen, wie es sich anfühlt, sich der eigenen Emotionen bewusst zu sein, und können Krebs den Raum und das Verständnis geben, die sie benötigen, um sich wertgeschätzt zu fühlen.

Erdzeichen Steinbock und Waage kommen auch gut mit Krebs zurecht, weil sie stabil und geerdet sind. Sie sind beide loyal und respektieren, die harte Arbeit, die erforderlich ist, um das Vertrauen des Krebses zu gewinnen. Steinbock teilt auch die gleiche Arbeitsmoral wie Krebs - beide Zeichen konzentrieren sich gerne vollständig auf ihre Projekte - und sind daher ein großartiges Team. Waage und Krebs genießen beide einen super gemütlichen Raum, wo auch immer sie sind, daher weiß Waage, wie wichtig es ist, eine fantastische Umgebung für Krebs zu schaffen, in der er sich entspannen kann.

KREATIVE KARRIEREN FÜR EINEN KREBS!

Krebse wissen, wie wichtig es ist, eine komfortable Umgebung zu haben, daher wäre eine Karriere, in der sie anderen helfen, dies zu finden, sehr lohnend. Egal, ob sie als Makler, Dekorateur oder Innenarchitekt arbeiten, Krebse werden in der emotionalen Belohnung gedeihen, wenn sie ihre Kunden zufriedenstellen.

Architektur ist eine weitere großartige Berufswahl, die es Krebsen ermöglicht, die Häuser anderer zu gestalten. Architekten neigen dazu, selbstständig zu arbeiten, und ihre Entwürfe können viele Details enthalten. Beides ermöglicht es einem Krebs, am produktivsten zu sein.

In der Lage zu sein, die Emotionen anderer zu spüren, ist ein starkes Krebsmerkmal, und viele suchen oft eine Karriere, in der sie dies gut nutzen können. Krebse sind großartige Krankenschwestern, Kindermädchen, Sozialarbeiter und Heimpfleger. Sie lieben es, sich um andere zu kümmern, und behandeln jeden mit der gleichen Sorgfalt und dem gleichen Respekt.

KAPITEL 10
LÖWE

Dieses ausgehende Feuerzeichen ist das fünfte Zeichen des Tierkreises. Auf dem Tierkreisrad erscheint Löwe gegenüber dem Wassermann, was dir verrät, dass diese Zeichen entgegengesetzte Persönlichkeiten haben. Löwe, ist nach dem gleichnamigen Sternbild benannt, das den Nachthimmel durchstreift. Die Farben dieses Zeichens sind hell und feurig: Gold, Orange und Gelb.

Ein Löwe hat keinen herrschenden Planeten, sondern einen herrschenden Stern! Der Löwe wird von der Sonne regiert. Die Sonne ist der hellste Stern des Sonnensystems, und daher sind Löwen auch gerne der lebendigste Teil ihrer Familie und ihres Freundeskreises. Sie sind voller Leben und sie erhellen alle um sie herum!

Löwen sollten auf die folgenden speziellen Zahlen achten, die ihr ganzes Leben lang auftauchen: 1, 3, 10 und 19. Wenn du eine davon siehst, könnte es ein Zeichen dafür sein, dass du dich in die richtige Richtung bewegst.

ERFAHRE MEHR ÜBER DEN LEGENDÄREN LÖWEN!

Der Löwe ist der König des Dschungels, und Löwen neigen dazu, sich wie der Anführer des Rudels zu fühlen, wo immer sie hingehen. Sie lieben es, im Mittelpunkt zu stehen und all das zu genießen, was mit dem Star-Sein einhergeht. Nichts macht Löwen glücklicher, als ihre Talente und Persönlichkeit zu präsentieren, egal ob sie eine Performance geben oder in einer Gruppe sprechen.

Löwen sind großartig Partner für Schulprojekte, weil sie die Verantwortung übernehmen und alles organisieren. Sie werden auch mehr als glücklich sein, die finale Präsentation zu halten, weil sie es lieben, vor der Klasse zu sprechen. Sie bekommen all ihre Zuversicht von der herrschenden Sonne und können es kaum erwarten, dass sie glänzen.

Löwen haben ein gutes Herz und kümmern sich um jeden in ihrem Rudel, während sie unglaubliche Freunde finden. Sie sind immer bereit für lustige, energiegeladene und aufregende Aktivitäten, sodass du weißt, dass du eine gute Zeit haben wirst, wenn ein Löwe in deiner Gruppe ist.

LÖWEN LIEBEN ES, DIE FÜHRUNG ZU ÜBERNEHMEN!

Weil Löwen als sehr vertrauenswürdig erscheinen, vergessen die Leute oft, dass sie auch Gefühle haben. Behandle deine Leo-Freunde mit der gleichen Freundlichkeit und dem gleichen Mitgefühl, das du allen gibst.

Löwen sind dafür bekannt, eines der eigenwilligsten Zeichen zu sein. Sie wissen, was sie wollen und wie sie es erreichen wollen. Einen Löwen dazu zu bringen, seine Meinung zu ändern oder einen Kompromiss einzugehen, erfordert viel Verhandlung, weil Löwen nicht so leicht aufgeben. Dies kann eine gute Sache sein, wenn es ein Problem zu lösen gibt, denn Löwen werden so lange daran arbeiten, bis sie die Antwort gefunden haben!

FREUNDSCHAFTEN MIT EINEM LEO!

Andere Feuerzeichen, wie Widder und Schütze, haben die gleiche laute und lebendige Energie wie Löwen, alle zusammen in einem Raum, können ein Feuerwerk entfachen. Dies kann zu viel Spaß und Aufregung führen.

Andere Zeichen, die fantastische Freunde für Löwen sind, sind die Luftzeichen Zwillinge und Wassermann. Feuer braucht Luft, um zu brennen, also macht es absolut Sinn, dass Feuer- und Luftzeichen gute Freunde sein können. Die Luftzeichen lieben Herausforderungen, und mit einem Löwen energetisch mithalten zu wollen, ist genau das.

KARRIERE FÜR EINEN LÖWEN!

Löwen stehen gerne im Rampenlicht, daher ist jede Karriere, in der sie eine Hauptrolle übernehmen können, perfekt. Schauspieler oder Politiker zu sein, wird Löwen viele anbetende Fans bringen. Für diejenigen Löwen, die es vorziehen, ein wenig mehr im Hintergrund zu sein, aber dennoch den reichen und berühmten Lebensstil genießen möchten, gibt es viele alternative Karrieren, wie z. B. als Talent-Agent, persönlicher Assistent oder Fotograf.

Kreativität ist für Löwen selbstverständlich, so dass sie auch einen Job genießen werden, bei dem sie ihre künstlerische Natur nutzen können. Künstler oder Designer zu sein, könnte für einen Leo Spaß machen. Sie haben auch keine Angst vor harter Arbeit, daher werden sie gerne die nötigen Anstrengungen unternehmen, um ihre Arbeit zu vermarkten und sich einen Namen zu machen.

KAPITEL 11
JUNGFRAU

Jungfrau ist das fünfte Zeichen des Tierkreises und kommt zu der Zeit, wenn der Sommer in den Herbst übergeht. Als Erdzeichen fühlen sich die Jungfrauen sehr mit der Natur und den Veränderungen verbunden, die geschehen. Das Sternbild Jungfrau zeigt die Göttin der Ernte mit einem Weizenstängel.

Jungfrau folgt Löwe, und sie haben ähnliche Farben, aber die liebsten Farben der Jungfrau sind gedämpfter. Sie sind Hellgelb, Beige und Grau. Der herrschende Planet der Jungfrauen ist Merkur - derselbe Planet, wie der, der Zwillinge. Dies hilft Jungfrauen, gut mit anderen zu kommunizieren.

Alle Sternzeichen haben einige Zahlen, die für sie Glück bedeuten können. Diese Zahlen können in deinem Leben willkürlich auftauchen oder du kannst sie für dein Sporttrikot oder als deine Spind-Kombination auswählen. Die Glückszahlen der Jungfrau sind 5, 14, 15, 23 und 32.

WICHTIGE FAKTEN ÜBER DIE LEBENDIGE JUNGFRAU!

Jungfrauen sind absolute Perfektionisten. Alles, was sie tun, bis ins kleinste Detail, muss das Beste sein. In der Schule sorgen Jungfrauen dafür, dass ihre Projekte vollgepackt mit tollen Informationen sind. Sie arbeiten immer hart und genießen praktische Aufgaben wie den Bau von Modellen und wissenschaftliche Experimente.

Sie schenken ihren Freundschaften die gleiche Aufmerksamkeit. Sie erinnern sich immer an den Geburtstag eines jeden, was ihr Lieblings-Essen ist und wer welche Sportarten mag. Sie arbeiten hart, um sicherzustellen, dass alle anderen Spaß haben, aber das kann bedeuten, dass sie nicht viel Zeit haben, um das zu tun, was sie möchten. Jungfrauen sind auch nicht gut darin, einfach nichts zu tun, also finden sie es schwierig, sich zu entspannen.

Jungfrauen können ein wenig hart zu sich selbst sein, wenn sie denken, dass sie nicht ihr Bestes gegeben und alle Energie reingesteckt haben. Sie müssen gute Freunde um sich haben, um sich daran zu erinnern, wie großartig sie sind!

WERTE DER JUNGFRAU!

Im Gegensatz zu den gesprächigen Feuer- und Luftzeichen können Jungfrauen schüchtern gegenüber Menschen und Gruppen sein, die sie nicht gut kennen. Sie würden viel lieber Zeit mit einer kleinen Gruppe guter Freunde verbringen, als zu einer großen, lauten Party zu gehen.

Jungfrauen sind sanft, liebevoll und fürsorglich, und sie bevorzugen es, mit anderen zusammen zu sein, die genauso fühlen. Sie schätzen es wirklich nicht, wenn jemand nicht freundlich ist, egal, unter welchen Umständen.

BESUCHER FÜR JUNGFRAU!

Jungfrauen fühlen sich am wohlsten, wenn sie Zeit mit anderen Erdzeichen verbringen. Sie teilen ihre bodenständige Denkweise und ihre Liebe zur Natur. Jungfrauen haben auch gute Freundschaften mit den Wasserzeichen Krebs und Fische.

Fische lassen sich gerne Zeit, um Freunde zu finden, weil sie wissen, dass dies zu einer tiefen Freundschaft führen wird. Krebs und Jungfrau arbeiten beide ähnlich - sie mögen es, alle Details richtigzumachen -, daher versteht der Krebs, dass die Jungfrau bei allem, was sie tut, genau aufpassen muss.

BERUFUNGEN DER JUNGFRAU!

Detailorientiert zu sein, macht Jungfrau ideal für Karrieren in Naturwissenschaften und Mathematik. Buchhalter arbeiten mit den Finanzen anderer Menschen und stellen sicher, dass es keine Fehler in ihren Unterlagen gibt - etwas, das eine Jungfrau lieben würde. Es gibt viele Details, an denen man als Forscher arbeiten muss, und Jungfrauen machen sehr sorgfältige Wissenschaftler.

Jungfrauen sind gute Kommunikatoren, so dass sie auch gerne als Redakteure arbeiten würden. Es wäre ihre Aufgabe, sicherzustellen, dass es keine Fehler in Büchern oder Texten gibt, bevor sie veröffentlicht werden. Sie haben viel Liebe zum Detail und würden sich nicht langweilen, auch wenn es Tage dauern würde, um alles durchzulesen. Sie würden auch gerne dabei helfen, Geschichten in die Welt hinauszusenden.

KAPITEL 12
WAAGE

Dieses Luftzeichen ist das siebte Tierkreiszeichen. Die Waage
ist nach dem Sternbild benannt, das eine Waage darstellt. Dies
hilft Waagen, ausgeglichen zu sein, und sie mögen es nicht,
wenn Menschen zu Extremen neigen. Die Waage wird von der
Venus beherrscht, was auch bedeutet, dass es ihnen um
Harmonie geht.

Die Farben, die am häufigsten mit Waage in Verbindung
gebracht werden, sind Rosa und Grün. Diese Farben mögen
nicht gut zusammenpassen, aber es passt zu dem Teil von
Waage's Persönlichkeit, der Frieden mit unterschiedlichen
Seiten schließen will.

Waage hat eine Reihe von speziellen Zahlen, genau wie alle anderen Tierkreiszeichen. Diese sind 4, 6, 13, 15 und 24. Wenn du eine Waage bist, halte Ausschau, ob diese Zahlen in deinem Leben erscheinen. Wenn sie es tun, könnten sie bedeuten, dass du Glück haben wirst!

ERFAHRE MEHR ÜBER DIE TREUE WAAGE!

Waagen haben oft das Gefühl, dass es ihre Pflicht ist, alle Probleme der Welt zu lösen, und sie mögen nichts, was nicht fair ist. Waagen sind sehr gut darin, zu entscheiden, wie man Dinge gleichberechtigt teilt und Lösungen für Probleme zu finden, die für jeden geeignet sind. Wenn du in einer Gruppe arbeitest, kannst du dich auf die Waagen verlassen, um sicherzustellen, dass jede Person ihren fairen Anteil an der Arbeit leistet und am Ende das gleiche Lob erhält.

Wie andere Luftzeichen kämpfen Waagen nicht gerne. Sie sind sehr friedliche Menschen und halten sich so weit wie möglich von Streitigkeiten fern. Es ist jedoch nicht möglich, alle gleichzeitig glücklich zu machen, obwohl Waagen immer ihr Bestes geben. Sie sprechen gerne mit anderen und fühlen sich in Gruppen von Menschen wohl.

Wie man es von einem Zeichen erwarten würde, das keine Konflikte mag, sind Waagen sehr sanft und fürsorglich. Sie werden alles tun, um sicherzustellen, dass sie ihre Freunde nie verärgern. Waagen sind großartig darin, ihre Probleme zu besprechen und alle wissen zu lassen, wie sie sich fühlen, und sie können auch andere dazu inspirieren, dasselbe zu tun. Sobald sie alle zum Reden gebracht haben, können sie ihre diplomatischen Fähigkeiten einsetzen, um Probleme zu lösen.

Da Waagen nichts sagen oder tun, was jemanden verärgern könnte, warten sie oft ab, was andere sagen oder tun, bevor sie ihre eigene Meinung äußern. Das ist extrem rücksichtsvoll. Wenn du jedoch eine Waage bist, vergiss nicht, dass auch deine Meinung wichtig ist, und manchmal lohnt es sich, sie zu äußern!

WAAGEN HEBEN DEN GEIST UND HÖREN ZU!

Bei Waagen dreht sich alles um das Gleichgewicht, so dass sie es nicht ertragen können, Verletzungen zu sehen, und sie springen ein, um zu helfen, wann immer dies möglich ist. Sie werden wirklich wütend, wenn sie Dinge wie Mobbing oder Ungleichheit sehen. Dies könnte in ihrer eigenen Freundschaftsgruppe, in der Schule oder in der übrigen Welt sein. Wenn eine Waage etwas erkennt, das aus dem Gleichgewicht geraten ist, wird sie alles tun, um die Dinge wieder in Ordnung zu bringen, auch wenn sie das Problem nicht verursacht hat.

Waagen können kein Chaos ertragen! Sie schätzen und kümmern sich wirklich um ihre Sachen, wie Kleidung, Technologie, Spielzeug und Möbel. Das ist eine gute Nachricht für Eltern, denn eine Waage wird ihr Zimmer ordentlich halten, ohne dass man es ihr zweimal sagen muss!

LEBENSLANGE FREUNDE FÜR WAAGE!

Die Luftzeichen - Wassermann, Zwillinge und natürlich andere Waagen - werden Waagen am besten verstehen, und manchmal lebenslange gute Freundschaften schließen. Sie werden das Engagement für Gerechtigkeit von Waagen respektieren und nicht zum Spaß mit ihnen argumentieren.

Überraschenderweise kommen Waagen auch super mit Widdern und Schützen zurecht, obwohl sie Feuerzeichen sind. Sie verstehen Leidenschaft für Harmonie der Waagen. Widder ist das entgegengesetzte Zeichen zur Waage, was bedeutet, dass sie sich auf verschiedenen Seiten des Tierkreisrads befinden. Gegensätze können als Freunde wirklich gut zusammenarbeiten, weil sie das Verhalten des anderen ausgleichen. Waagen können Widder beruhigen und ihnen helfen, die andere Seite in einer Meinungsverschiedenheit zu sehen. Widder können Waage dazu inspirieren, selbstbewusster zu werden und für sich selbst einzutreten!

BERUFE FÜR EINE WAAGE!

Da Waagen sich der Bekämpfung von Ungerechtigkeit und der Wiederherstellung der Harmonie verschrieben haben, wählen sie gerne Karrieren, bei denen sie einen echten Unterschied machen können. Die Arbeit als Anwalt ist eine naheliegende Wahl, aber wenn das nicht nach Spaß klingt, gibt es andere Jobs, die mit dem Gesetz zu tun haben und eine Waage ebenfalls zufriedenstellen. Die juristische Sekretärin, der Gerichtsschreiber und der Richter könnten auch an den Gerechtigkeitssinn der Waage appellieren. Aufgrund des Ziels einer Waage, die Harmonie auf dem Planeten wiederherzustellen, können sie sich eine Karriere aussuchen, die der Umwelt hilft, z. B. Umwelt- oder Naturschützer!

Ein Berater oder Psychiater ist eine weitere gute Wahl. Beide Berufe beinhalten, anderen zu helfen, ihre Probleme zu besprechen, und das bedeutet, dass die Waage ihre hervorragenden Kommunikationsfähigkeiten nutzen kann. Ob sie Menschen helfen, einen inneren Konflikt oder eine Meinungsverschiedenheit mit einer anderen Person zu lösen, die Waage wird glücklich sein zu wissen, dass sie geholfen hat, ein wenig mehr Harmonie in die Welt zu bringen.

KAPITEL 13
SKORPION

Der Skorpion ist das achte Sternzeichen des Tierkreises und gehört zur Gruppe der Sternzeichen, die als Wasserzeichen bezeichnet werden. Dies ist seltsam, weil der Skorpion - das Tier, nach dem das Sternbild benannt ist - in der Wüste lebt, wo es sehr wenig Wasser gibt. Die Farben des Skorpions spiegeln dies wider, weil sie überhaupt keine Wasserfarben sind: Es sind scharlachrot, rot und rostig orange.

Der herrschende Planet für den Skorpion ist der Planet Pluto, obwohl er laut NASA nicht mehr zu unserem Sonnensystem gehört, kann er immer noch einen Einfluss auf unser Leben haben. Bei Pluto dreht sich alles um Veränderung und Transformation, und Skorpione haben oft mehrere Ebenen für ihre Gefühle und ihre Persönlichkeit.

Es gibt einige spezielle Nummern, die Skorpione vielleicht im Hinterkopf behalten möchten. Diese Zahlen können dir Glück bringen oder helfen, die richtige Wahl zu treffen, wenn sie in bestimmten Situationen auftauchen. Diese besonderen Zahlen sind 8, 11, 18 und 22.

BEGRÜSSEN WIR DEN SENSATIONELLEN SKORPION!

Wie die anderen Wasserzeichen ist ein Skorpion sehr im Einklang mit seinen Emotionen. Es sieht vielleicht nicht so aus, denn sie sind sehr gut darin, nach außen hin ruhig zu wirken, obwohl sie innerlich etwas aufgeregt sind. In der Lage zu sein, ruhig zu bleiben, auch wenn alles schiefläuft, ist etwas, das Skorpione zu natürlichen Führern macht!

Skorpione lieben es, bei allem, was sie tun, erfolgreich zu sein. Sobald sie wissen, was sie wollen, konzentrieren sie sich wirklich darauf, es zu bekommen. Es ist toll, mit ihnen zusammenzuarbeiten, denn du kannst sichergehen, dass sie sich ihrer Verantwortung nicht entziehen werden. Es ist nicht nur harte Arbeit, die Skorpione erfolgreich macht: Sie sind sehr charismatisch, lustig und unglaublich darin, Freunde zu finden!

Genau wie der Skorpion in der Natur, scheuen sich die Skorpione nicht, große Herausforderungen anzunehmen. Sie sind sehr mutig und werden immer für das eintreten, woran sie glauben. Du kannst dich darauf verlassen, dass Skorpione positive Veränderungen in der Welt vornehmen!

SKORPIONE SIND TREUE ZEICHEN!

Sobald ein Skorpion dir vertraut, öffnet er sich und teilt eine ganz neue Seite, von der du nicht wusstest, dass er sie hat. Einem Skorpion zu vertrauen, ist ein wahres Privileg, also stelle sicher, dass er sich auf dich verlassen kann.

Für ihre Überzeugungen einzutreten, ist ein Kernmerkmal des Skorpions, und wenn sie glauben, dass sie mit etwas recht haben, werden sie erbittert darum kämpfen! Wenn du jedoch eine andere Perspektive bietest, wird dich ein Skorpion stets anhören.

FREUNDSCHAFTEN FÜR SKORPION!

Skorpione verstehen sich sehr gut mit Wasserzeichen, weil sie ihre emotionalen Eigenschaften am besten verstehen. Krebs ist besonders gut mit Skorpionen, weil sie ihre versteckten Emotionen spüren können und genau wissen, was sie sagen sollen, um sie zu beruhigen.

Ein weiteres Zeichen, das gut mit Skorpion auskommt, ist Stier. Dieses geerdete Sternzeichen lässt sich von Skorpion nicht leicht entzünden, und im Gegenzug schätzt Skorpion die Zuverlässigkeit und Vorhersehbarkeit eines Stierfreundes.

ERFOLGREICHE BERUFE FÜR SKORPIONE!

Skorpione arbeiten hart an jeder Aufgabe, die ihnen gegeben wird, aber sie mögen Projekte, denen sie ihre Zeit widmen können. Sie lieben es, sich mit den Details zu befassen, daher ist ein Job als Forscher ideal. Allein zu arbeiten, passt zu einem Skorpion, und sie werden es genießen, anderen ihre Ergebnisse zu zeigen und ihr unglaubliches Wissen zu einem Thema zu teilen.

Ein weiterer guter Job wäre Ingenieur. Diese Karriere ermöglicht es einem Skorpion, den ganzen Tag damit zu verbringen, Probleme zu lösen. Sie werden es auch genießen, die Vorteile ihrer Arbeit in der Praxis zu sehen, und technische Projekte führen oft zu einer neuen Erfindung, einem neuen Gebäude oder einer neuen Infrastruktur.

Jeder Karrierepfad, der einem Skorpion die Chance gibt, sich selbst herauszufordern, wird ihn ansprechen. Sie genießen es überall die besten zu sein sowie ihren Erfolg, egal, wie viel harte Arbeit es erfordert. Etwa ein Detektiv oder ein Chirurg, wo ihr Engagement und ihre Stärken anerkannt werden, wäre ebenfalls eine ideale Wahl.

KAPITEL 14
SCHÜTZE

Dieses energetische Feuerzeichen ist das neunte Zeichen des Tierkreises und wird vom König der Planeten, Jupiter, dem fünften Planeten von der Sonne, regiert. Auf diesem Planeten dreht sich alles um positive Schwingungen, die denen, die unter seinem Einfluss stehen, Glück, Hoffnung, Wohlstand und Wachstum bringen. Schütze beeinflusst einige der dunkelsten Monate des Jahres, und um den Mangel an Licht auszugleichen, schafft dieses Sternzeichen einige der stimmungsaufhellensten Menschen.

Obwohl es sich um ein Feuerzeichen handelt, ist die einflussreiche Farbe für den Schützen Blau. Dies könnte eine Verbindung zu ihrer traditionellen Rolle als Heiler sein: Das

Sternbild des Schützen ist der Zentaur Chiron, der ein großer Lehrer und Heiler in der griechischen Mythologie war.

Der Schütze hat eine Reihe von speziellen Zahlen, die einen starken Einfluss auf das Leben von Menschen haben können, die unter diesem Zeichen geboren wurden. Diese Zahlen sind 3, 7, 9, 12 und 21. Wenn du ein Schütze bist, wirst du vielleicht diese Zahlen bemerken, die in deinem Leben auftauchen, um dir zu zeigen, dass du auf dem richtigen Weg bist.

DER AUFRICHTIGE SCHÜTZE IN DER HAUPTROLLE!

Nach dem intensiven Skorpion ist Schütze das genaue Gegenteil. Menschen, die unter diesem Zeichen geboren werden, sind ewige Optimisten, die immer das Beste in Menschen und Situationen sehen. Sie erwarten von allen, dass sie so gut und freundlich sind, wie sie selbst, und sind immer offen und ehrlich in Bezug auf diese Erwartungen.

Der Schütze liebt Menschen. Sie wollen immer neue Dinge über verschiedene Kulturen und Orte herausfinden, und der beste Weg, dies zu tun, ist, mit Menschen zu sprechen, die dort gelebt haben. Der Freundeskreis eines Schützen wird groß und mit allen möglichen unterschiedlichen Menschen besetzt sein, anstatt nur mit denen, die ihnen ähneln. Sie sind mehr als glücklich, Zeit mit Menschen zu verbringen, mit denen sie nichts gemeinsam haben: Der Schütze sieht dies als Gelegenheit, etwas Neues auszuprobieren, anstatt sofort eine Freundschaft abzuschreiben.

Da der Schütze immer versucht, etwas Neues zu lernen oder zu tun, kann er frustriert sein, wenn er in der gleichen Routine steckt. Sie lieben es, neue Dinge zu entdecken und sind wirklich gut darin, selbst zu forschen und zu lehren. Sie könnten auch feststellen, dass sie interessante neue Perspektiven bieten, an die du vorher nicht gedacht hast.

SCHÜTZEN SIND AUTARK!

Schützen lieben es, frei zu sein, ihren eigenen Weg zu gehen und ihre eigenen Grenzen zu setzen; sie marschieren wirklich zum Takt ihrer eigenen Trommel. Sie nehmen ihre Freunde mit auf die besten Abenteuer und bringen sie oft an Orte, an denen sie noch nie waren!

Ein Vorteil davon, so ein offenes und ehrliches Zeichen zu sein, ist, dass die Schützen sich nie scheuen, zu sagen, was sie denken. Sie ärgern sich nicht so leicht, aber natürlich möchten sie, dass ihre Meinungen geschätzt und nicht übersehen werden. Selbst wenn ein Schütze versehentlich etwas gesagt hat, dass jemand anderen verärgert hat, hat er es wahrscheinlich nicht so gemeint, denn er ist liebevoll und hilfsbereit.

DIE GESELLIGKEIT EINES SCHÜTZEN!

Widder sind ein ausgezeichneter Freund für Schützen, weil sie viele Dinge gemeinsam haben. Beide sind Feuerzeichen, was bedeutet, dass sie voller Energie sind und es lieben, aufregende und abenteuerliche Dinge zu erleben. Beide lieben es, neue Aktivitäten auszuprobieren, daher wäre der Besuch eines neuen Trampolinparks in der Stadt oder ein Essen in einer neuen Pizzeria die perfekte Zeit für dieses abenteuerliche Duo!

Zwillinge verstehen sich auch gut mit Schützen. Sie mögen keinen Stillstand und können es kaum erwarten, neue Dinge auszuprobieren. Gemeinsam werden Zwillinge und Schützen sich gegenseitig dazu drängen, neue Hobbys und Aktivitäten zu finden, die verhindern, dass ihnen jemals langweilig wird.

Der Schütze kann sich vielleicht nicht so schnell mit den Wasser- und Erdzeichen und ihrer Verbundenheit mit ihrem Zuhause identifizieren. Warum niederlassen, wenn die ganze Welt darauf wartet, erkundet zu werden? Wenn du jemanden kennst, der mit Stillstand ein Problem hat und immer etwas Neues ausprobieren muss, ist es sehr wahrscheinlich, dass er ein Schütze ist!

ARBEITSPLÄTZE FÜR SCHÜTZEN!

Schützen sind lustige Abenteuersuchende und würden sich über jeden Job freuen, der sie diese Seite ihrer Persönlichkeit genießen lässt. Die Reise- und Gastgewerbebranche ist ein großartiger Ausgangspunkt. Schützen arbeiten gerne im Reisebüro, wo sie anderen helfen können, ihren perfekten Urlaub zu gestalten. Das gibt ihnen auch den Insider-Pfad zu einigen tollen Reiseangeboten für ihren eigenen Urlaub!

Die kreative Seite eines Schützen kann eine große Bereicherung bei der Arbeit sein, und eine Karriere als freiberuflicher Künstler, Designer oder Architekt könnte genau das sein, was sie brauchen, um ihren einzigartigen Stil zu präsentieren. Mutige und abenteuerliche Designs machen Schützen keine Angst und sie genießen die Freiheit, als ihr eigener Chef an ihren eigenen Projekten zu arbeiten.

Ein repetitiver 9-5-Job wird die Begeisterung des Schützen wahrscheinlich hemmen, so dass er vielleicht lieber einen Job sucht, der etwas Abwechslung bietet. Der Beruf des Lehrers passt perfekt zu dieser Eigenschaft. Jeder Tag ist immer unterschiedlich und Schütze werden ihre exzellenten Kommunikationsfähigkeiten nutzen können, um die Kinder in ihrer Klasse zu inspirieren.

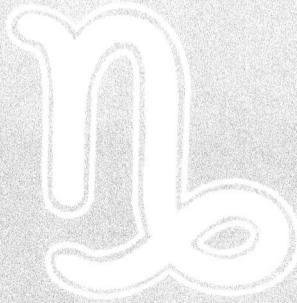

KAPITEL 15
STEINBOCK

Steinbock ist das zehnte Zeichen des Tierkreises und es beginnt am Ende eines Jahres, am 22. Dezember. Dieses Zeichen wird vom Sternbild Steinbock, der Ziegenfisch, dargestellt - einem Mythos -, der den Kopf und die Hufe einer Ziege, aber den Schwanz eines Fisches hat, ein bisschen wie eine Meerjungfrau!

Obwohl er im Meer lebt, ist der Steinbock ein Erdzeichen. Um dies widerzuspiegeln, wird das Zeichen mit neutralen, erdigen Farben assoziiert, einschließlich Braun und Schwarz. Der herrschende Planet für den Steinbock ist Saturn, der größte Planet in unserem Sonnensystem und der sechste Planet von der Sonne. Saturn ist der Planet der Verantwortung, Stärke und

Diskurse: Alle Qualitäten, die du in einem Steinbock finden wirst.

Genau wie alle anderen Sternzeichen hat Steinbock seine eigenen Glückszahlen. Diese sind 4, 8, 13 und 22. Diese Zahlen können dir in deinem Leben helfen, indem sie dich zu den richtigen Entscheidungen führen, also achte auf sie.

LASS UNS DEN COOLEN STEINBOCK FEIERN!

Steinböcke sind das Gegenteil ihrer Sternzeichen-Nachbarn Schützen. Sie lieben Struktur und Ordnung. Wenn du einem Steinbock klare Anweisungen gibst, wird er sie absolut befolgen, was ihn zu einem hervorragenden Lernpartner und Kollegen macht. Sie sind auch sehr diszipliniert und können sich lange auf die gleiche Aufgabe konzentrieren.

Ein Erdzeichen zu sein bedeutet, dass Steinböcke in der Realität sehr geerdet sind. Sie bevorzugen oft ruhigere Hobbys wie Lesen gegenüber aktiven Hobbys wie Sport, jedoch nicht immer.

Steinböcke geben ihren Freunden den gleichen Fokus, den sie ihrer Arbeit widmen würden, was sie zu ausgezeichneten Freunden macht. Ihre Zuverlässigkeit ist eine ihrer besten Qualitäten, so dass du sicher sein kannst, dass sie keinen Geburtstag, kein Fußballspiel oder alles, was dir viel bedeutet, verpassen.

STEINBÖCKE PFLEGEN TRADITIONEN!

Steinböcke schätzen ihre Grenzen wirklich und ändern nicht gerne die vertraute Art und Weise, wie sie Dinge tun. Sie befürchten oft, dass Veränderungen nichts Gutes verheißen werden, daher ist es wirklich wichtig, deine Steinbock-Freunde (oder dich selbst) daran zu erinnern, dass Veränderungen wirklich cool sein können! Stelle dir eine Welt vor, in der du deine Lieblingscornflakes oder Cartoons nicht entdeckt hast, weil du nichts Neues ausprobieren wolltest!

Weil Steinböcke keine Fans von Veränderung sind, bedeuten ihnen Traditionen viel. Dadurch sind sie ihren Familien sehr nahe und genießen es, die Erinnerungen an die Traditionen wieder aufleben zu lassen. Sie lieben es, sich an Dinge wie saisonale Feiertage und Familienurlaube zu erinnern und werden diejenigen sein, die viele Fotos machen! So etwas wie die Pizzeria, die ihre Familie zu jedem Geburtstag besucht, bedeutet ihnen die Welt und sie freuen sich jedes Jahr auf diese Dinge.

GENOSSEN FÜR STEINBOCK!

Steinböcke kommen mit allen Erdzeichen gut zurecht, vor allem aber mit dem Stier. Sie sind beide praktisch veranlagt und fleißige Arbeiter. Der Stier lebt in der Gegenwart, während Steinböcke in der Vergangenheit leben, aber diese beiden Ansichten funktionieren gut zusammen, wobei der Stier den Steinbock ermutigt, die Gegenwart zu schätzen.

Die Luftzeichen - die immer für die Zukunft planen - und die Feuerzeichen - die immer auf der Suche nach Spaß sind - könnten es schwierig finden, auf der gleichen ruhigen Ebene wie ein Steinbock zu sein. Obwohl sie interessante Freunde werden könnten, ziehen es Steinböcke in der Regel vor, sich zu Hause an vertrauteren und friedlicheren Aktivitäten zu beteiligen. Ein Zeichen, das einen ähnlichen Genuss von Wohnkomfort teilt, ist das Wasserzeichen Krebs. Steinbock und Krebs werden eine entspannte Freundschaft genießen, in der sie mit einem guten Film und etwas Popcorn zu Hause bleiben können.

KARRIERE FÜR EINEN ENGAGIERTEN STEINBOCK!

Steinböcke lieben es zu arbeiten und können es oft als schwierig empfinden, aufzuhören! Die Balance zwischen Studium, Karriere, Freunden und Familie zu finden, ist schwierig für dieses engagierte und angetriebene Erdzeichen. Sie wollen auch eine Karriere mit einer klaren Rolle, in der sie genau wissen, was von ihnen erwartet wird.

Ein Realschullehrer wäre der perfekte Job für einen hart arbeitenden Steinbock. Sie lieben die Planung und Organisation und sind geduldig genug, um mit dem schwierigen Verhalten einiger Teenager umzugehen. Die langen Schulferien zwingen Steinbock auch dazu, eine dringend benötigte Pause zu machen und einige entspannende Hobbys zu genießen und mit Freunden abzuhängen.

Eine weitere Karriere, die für Steinböcke gut geeignet ist, ist die eines Maklers. Harte Arbeit ist in dieser Branche von entscheidender Bedeutung, wenn man erfolgreich sein will, und die Steinböcke haben definitiv genug Antrieb und Entschlossenheit, um großartig zu sein! Es gibt auch die Möglichkeit, die eigene Arbeitsbelastung zu verwalten, und die meisten Makler arbeiten allein oder in kleinen Teams, was einem Steinbock völlig entgegenkommt.

EIN TIERKREISSTEIN FÜR JEDES STERNZEICHEN

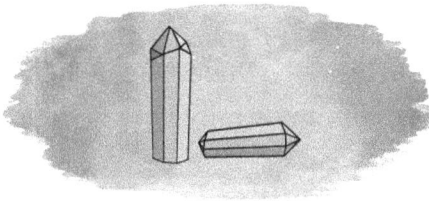

Wusstest du, dass jedes astrologische Zeichen mit einem speziellen Mineral oder Edelstein verbunden ist? Die meisten Menschen kennen Geburtssteine, aber Tierkreissteine sind etwas spezifischer. Einige Leute tragen diese kostbaren Edelsteine gerne bei sich, um Glück zu bringen, und andere haben sie einfach gerne als Dekoration oder in einer speziellen Schachtel oder Tasche. Willst du deinen Tierkreisstein kennenlernen?

TIERKREISSTEIN FÜR WASSERMANN: AMETHYST

Amethyst gibt es in verschiedenen Violett- und Lilatönen. Eines der Länder, das den meisten Amethyst produziert, ist Brasilien. Wenn du Amethyst mit Hitze behandelst (was bedeutet, ihn zu erhitzen), kann er einem Stein namens Citrine ähneln. Einige Menschen finden, dass dieser Stein zur Förderung der Ruhe beiträgt und Klarheit bei der Entscheidungsfindung schafft.

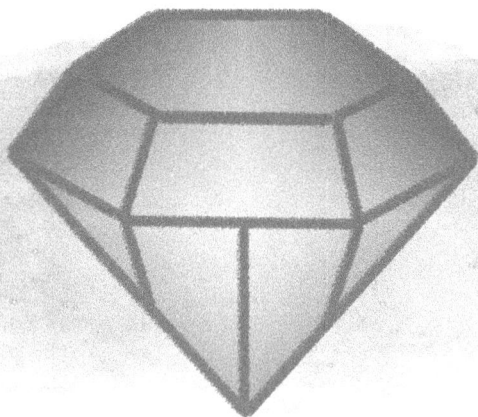

TIERKREISSTEIN FÜR FISCHE: AQUAMARIN

Dieser Stein hat seinen Namen von den lateinischen Wörtern „Aqua" und „Marina", was übersetzt „Wasser" und „Vom Meer" bedeutet. Es ist kein Wunder, warum dieser Stein nach Wasser und Meer benannten wurde; seine Farben reichen von Blautönen zu Grüntönen, die sich vermischen. Manche Menschen finden diesen Stein ermächtigend und hilfreich für klare Kommunikation!

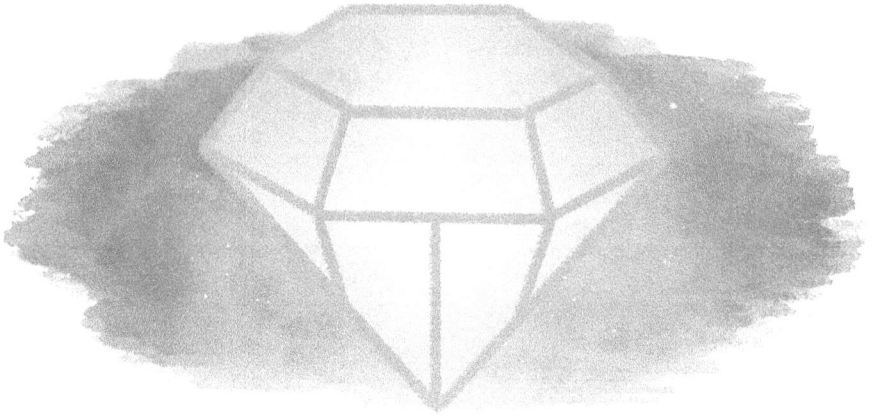

TIERKREISSTEIN FÜR WIDDER: DIAMANT

Diamanten bestehen aus reinem Kohlenstoff, was bedeutet, dass sie das einzige Juwel auf dem Planeten sind, das nur aus einem Element besteht! Obwohl die häufigsten Diamanten durchsichtig (klar) sind, gibt es sie in einer Vielzahl von Farben wie Gelb, Rosa, Blau und vielen mehr. Der Diamant ist einer der vier wertvollsten Edelsteine der Welt. Einige Leute glauben, dass dieser machtvolle Stein innere Stärke fördert.

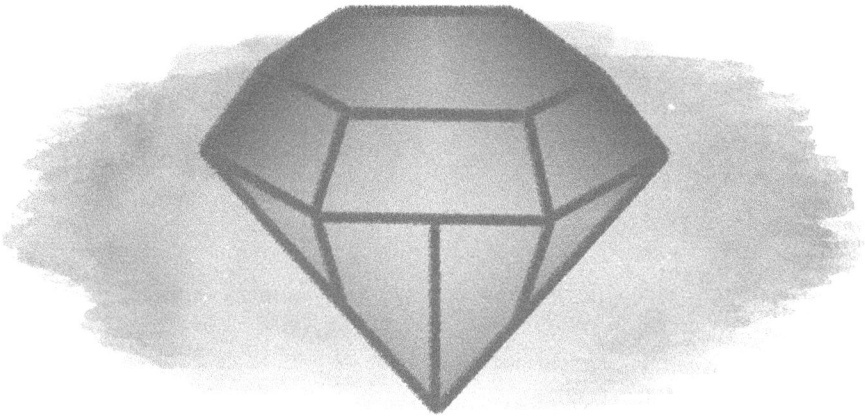

TIERKREISSTEIN FÜR STIER: SMARAGD

Der Smaragd ist einer der ältesten und meistgesuchten Steine in der Geschichte; tatsächlich war er der Favorit von Kleopatras, der Königinnen des alten Ägypten! Seine Farbe ist ein tiefes leuchtendes Grün. Der Smaragd ist einer der vier wertvollsten Edelsteine der Welt. Einige Leute glauben, dass dieser Stein Wohlstand (Wohlbefinden), Reichtum und ein Gefühl des Friedens fördert.

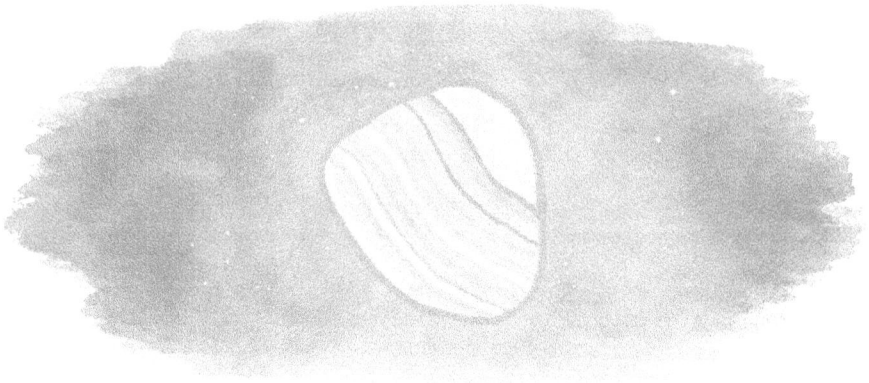

TIERKREISSTEIN FÜR ZWILLINGE: ACHAT

Es gibt so viele Arten von Achat, etwa Blauspitzenachat (blau), Moosachat (grün) und Feuerachat (rot). Diese Steine variieren in der Farbe, haben aber aufgrund der einzigartigen Streifen alle etwas gemeinsam. Bei diesen Steinen handelt es sich um eine Quarzart namens Chalcedon. Einige Leute glauben, dass dieser Stein die innere Stabilität fördert und das Bewusstsein erhöht.

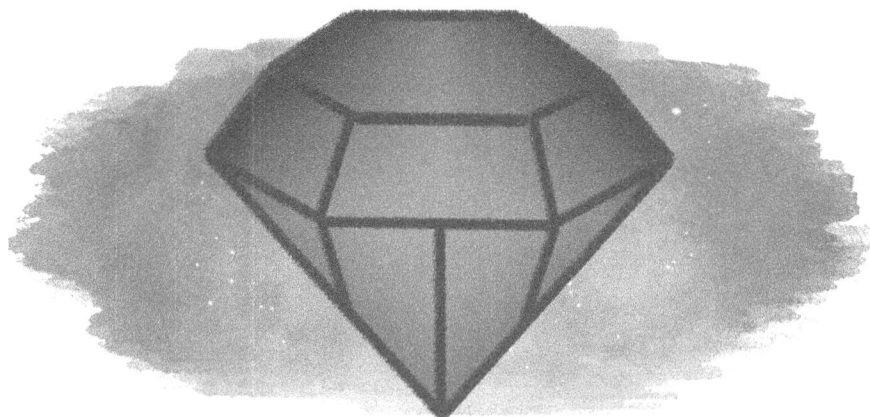

TIERKREISSTEIN FÜR KREBS: RUBIN

Der Rubin hat seinen Namen von dem lateinischen Wort „rubens", was übersetzt „rot" bedeutet. Sie sind vor allem dafür bekannt, rot zu sein, können aber auch in einem Rosaton erscheinen. Der Rubin ist einer der vier wertvollsten Edelsteine der Welt. Einige Leute glauben, dass dieser Stein Vertrauen und Ausgeglichenheit fördert.

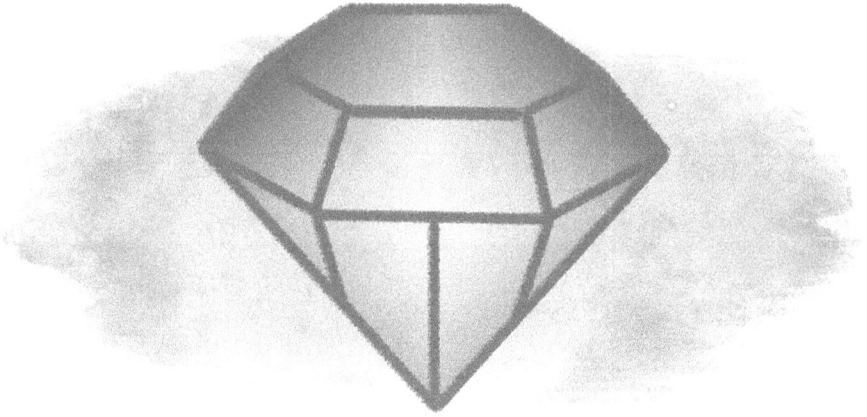

TIERKREISSTEIN FÜR LÖWE: PERIDOT

Peridot ist einer der wenigen Steine, die in nur einer Farbe, nämlich grün, erhältlich sind. Sie sind auch eine der wenigen Steine, die außerhalb der Erde gemeldet und in einigen Meteoriten gefunden wurden! Einige Leute glauben, dass dieser Stein Mitgefühl und Glück fördert!

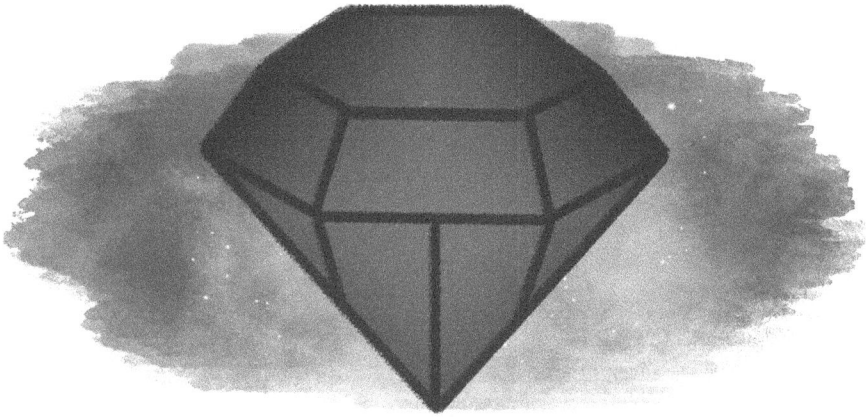

TIERKREISSTEIN FÜR JUNGFRAU: BLAUER SAPHIR

Die Farbe des Saphirs ist ein tiefes, leuchtendes Blau. Saphirs Name leitet sich vom griechischen Wort „Sappheiros" ab, das übersetzt „blauer Stein" bedeutet. Der Saphir ist einer der vier wertvollsten Edelsteine der Welt. Einige Leute glauben, dass dieser Stein Selbstausdruck und Empathie fördert!

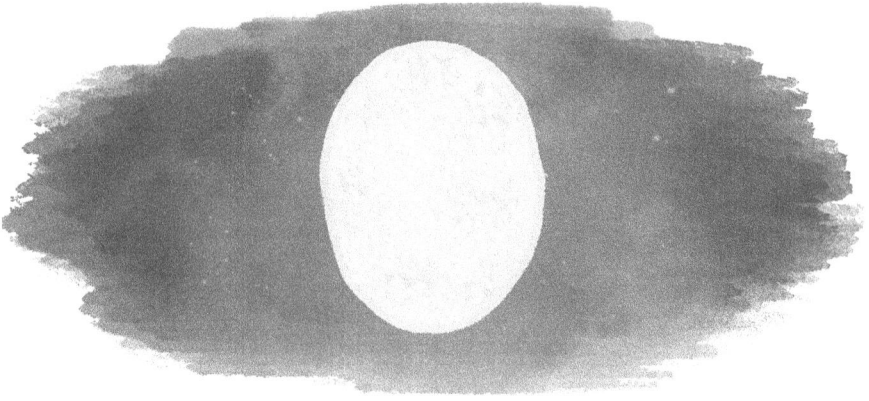

TIERKREISSTEIN FÜR WAAGE: OPAL

Der Name Opal leitet sich vom lateinischen Wort "opalus" ab, das in "Edelstein" übersetzt wird. Angeblich stammen etwa 95 % des Opals aus Australien. Die Farbe des Opals kann als milchig-weiße oder durchscheinende Farbe mit schimmernden Sprenkeln des Regenbogens beschrieben werden. Einige Leute glauben, dass dieser Stein Harmonie und Hoffnung fördert!

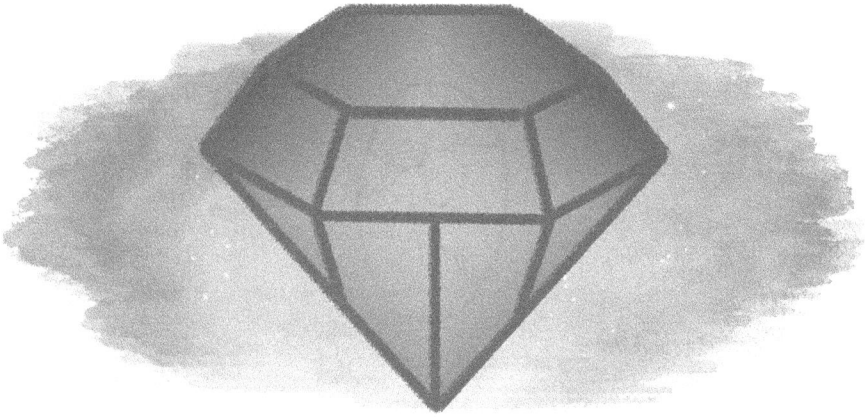

TIERKREISSTEIN FÜR SKORPION: TOPAS

Ein reiner Topas ist farblos, daher kann er oft mit einem Diamanten verwechselt werden. Sie kommen in vielen Schattierungen des Regenbogens, wie rot, blau, rosa, gelb und grün! Rot ist am seltensten und Blau am häufigsten. Einige Leute glauben, dass dieser Stein Freude und Begeisterung fördert!

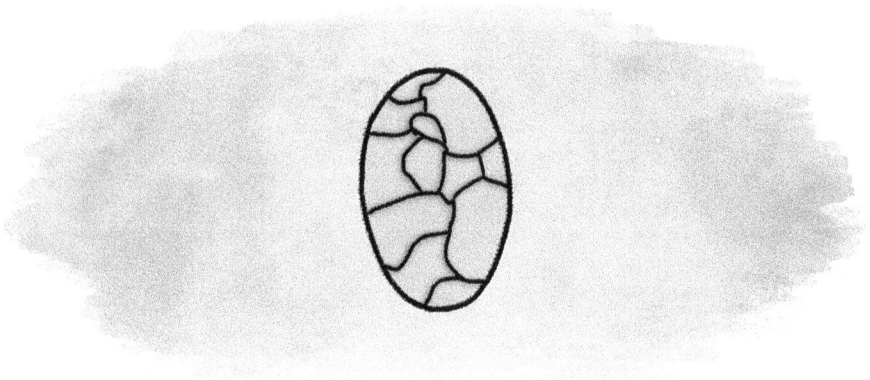

TIERKREISSTEIN FÜR SCHÜTZE: TÜRKIS

Der Türkis ist der einzige Edelstein der Welt, nach dem eine Farbe benannt wurde. Der Name Türkis leitet sich vom französischen Wort „turquoise" ab, was übersetzt „Türkisch" bedeutet. Einige Leute finden, dass dieser Stein Glück und Schutz fördert!

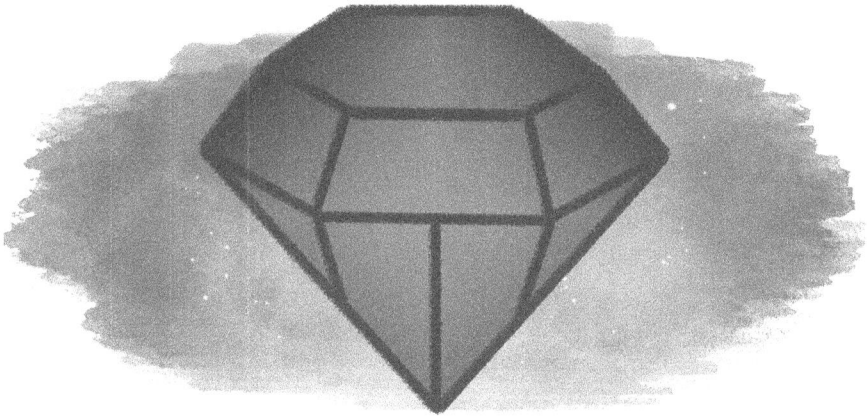

TIERKREISSTEIN FÜR STEINBOCK: GRANAT

Der Name Granat kommt vom griechischen Wort „granatum",
das übersetzt Samen oder Getreide bedeutet, weil es der Form
und Farbe eines Granatapfelsamens ähnelt. Meistens wird der
Granat mit Rot verbunden, aber es gibt ihn tatsächlich in vielen
verschiedene Farben, wie Grün, Rosa oder Gold! Manche
Menschen finden, dass dieser Stein zur Vertrauensbildung
beiträgt und ihr Selbstwertgefühl steigert!

FAZIT!

Hat es dir gefallen, etwas über die Sternzeichen zu erfahren? Ich wette, du weißt jetzt viel mehr als am Anfang. Du bist jetzt einer der Millionen Menschen, die im Laufe der Zeit angefangen haben, die Geheimnisse der Sterne zu lüften. Wenn dich das nächste Mal jemand fragt, was dein Sternzeichen ist, kannst du ihm eine eindeutige Antwort geben!

Jetzt, wo du alles über dein Sternzeichen weißt, kannst du dich auch selbst viel besser verstehen. Bist du ein Workaholic-Steinbock oder ein tagträumender Wassermann? Vielleicht bist du ein lebenslustiger Löwe oder ein Krebs, der es liebt, sich zu Hause zusammenzurollen. Wenn du dein Sternzeichen kennst, siehst du auch, wie einzigartig du und deine Freunde sind. Wenn deine Freunde es lieben, mit allen zu sprechen, aber du eher schüchtern bist, könnte das an den Sternen liegen!

Was aufregend ist, ist, dass alles, was du gerade gelernt hast, nur der Anfang ist. Astrologie ist viel mehr, als in ein Buch passt. Wenn du weiter forschen möchtest, gibt es noch eine Vielzahl an Möglichkeiten mehr zu lernen.

Eine Sache, die Menschen daran lieben, ihre Sternzeichen zu kennen, ist, dass sie ihr Horoskop lesen können. Ein Horoskop ist eine Vorhersage dessen, was passieren wird. Du kannst ein Tageshoroskop oder Jahreshoroskop machen lassen. Horoskope sind oft sehr allgemein gehalten und es liegt an dir, herauszufinden, wie sie sich auf dein Leben beziehen, aber es kann Spaß machen, zu lesen, dass du einen großartigen Tag haben wirst!

Nicht alle, die du triffst, werden an Astrologie glauben, und das ist in Ordnung. Nichts an Astrologie ist eine Tatsache; vielmehr soll sie ein Leitfaden sein. Nicht alles an deinem Sternzeichen trifft genau auf dich zu, aber einige Teile könnten sehr passend sein. Ob du die Astrologie als kleinen Spaß nutzen oder dich genauer damit befassen möchtest, bleibt dir überlassen. Es ist immer gut, etwas Neues zu lernen, und jetzt weißt du alles darüber, wie die Astrologie begann und was die verschiedenen Sternzeichen bedeuten!

Viel Spaß bei deinem Astrologie-Abenteuer! Vielen Dank fürs Lesen!

STERNBILDER FÜR KINDER

DIE UNTERHALTSAME ART, ETWAS ÜBER DIE STERNE ZU LERNEN, DIE MAGIE DES SONNENSYSTEMS ZU ENTDECKEN UND STERNE ZU BEOBACHTEN WIE EIN ASTRONOM!

KAPITEL 1
WILLKOMMEN IN DER ERSTAUNLICHEN WELT DER KONSTELLATIONEN!

Hast du schon einmal in den Nachthimmel geschaut und dir vorgestellt, was da draußen sein könnte? Du bist nicht allein! Das fragen sich die Menschen seit Tausenden von Jahren. Technologien wie Teleskope und Raumfähren sind ziemlich neu, und bevor wir den Weltraum wirklich untersuchen können, erfinden die Leute Geschichten darüber, was ihrer Meinung nach dort oben sein könnte.

Einige Leute meinten Helden und Monster in den Sternen zu sehen und erzählten Geschichten über sie. Wir können heute dieselben Bilder sehen, weil sich im Weltraum nichts so schnell ändert. Dieses Buch erzählt dir alles über die wunderbaren Dinge, die über deinem Kopf herumschweben, und bringt dir bei, wie du einige der Planeten und besonderen Sterne von deinem Schlafzimmerfenster aus finden kannst.

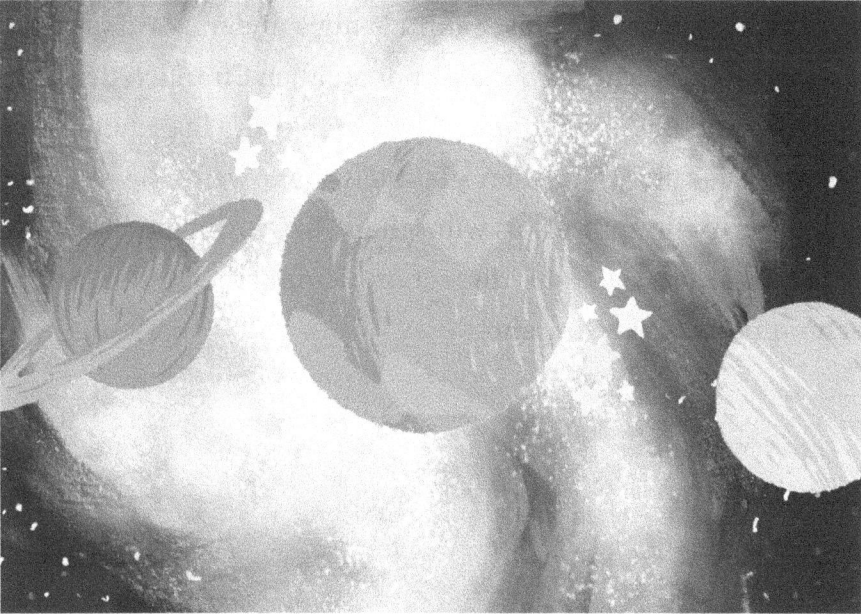

DAS ERSTAUNLICHE UNIVERSUM

Das Universum ist ein wirklich großer Ort. Das muss so sein, denn alles, was existiert, ist darin enthalten! Unser Planet Erde ist nur ein winziger Teil davon. Das Universum umfasst den gesamten Weltraum mit allen Sternen, Monden und Planeten, und wir können nur die sehen, die uns am nächsten sind. Wusstest du, dass das Universum immer größer wird? Es wächst so schnell, dass niemand jemals an den Rand gelangen kann.

Im Inneren des Universums befinden sich Milliarden von Galaxien, die aus Sternen, Staub und Planeten bestehen. Es gibt mehr Sterne im Universum als alles andere. Wusstest du, dass es mehr Sterne als Sandkörner an allen Stränden der Erde gibt? Sterne faszinieren die Menschen seit Tausenden von Jahren. Die alten Griechen glaubten, dass wenn sie sich bei einer Sternschnuppe etwas wünschen, ihr Wunsch in Erfüllung gehen würde. Hast du dir schon einmal bei einer Sternschnuppe etwas gewünscht?

WAS IST EINE KONSTELLATION?

Eine Konstellation ist eine Gruppe von Sternen, die ein Muster bilden. Astronomen verwendeten imaginäre Linien, um Sterne zu bestimmten Formen , Menschen und Tieren zu verbinden. Oft wurden diese Sternbilder nach Charakteren in Geschichten wie Herkules, Pegasus und Orion benannt. Du hast vielleicht noch nicht von ihnen gehört, aber sie waren bei den alten Griechen und Römern sehr berühmt. Das größte Sternbild heißt Hydra und sieht aus wie eine lange Seeschlange, die durch den Himmel schwimmt.

. . .

Es gibt 88 offizielle Sternbilder, die von überall auf der Welt zu sehen sind. Einige Konstellationen haben kleinere Muster in sich, die Asterismen genannt werden. Der berühmteste Asterismus ist der Große Wagen, der Teil einer Konstellation namens Ursa Major ist.

KONSTELLATIONEN IN VERSCHIEDENEN KULTUREN

Wusstest du, dass Entdecker Höhlenmalereien gefunden haben, die Bilder in den Sternen zeigen? Dies zeigt, dass sogar Höhlenmenschen ihre Vorstellungskraft nutzten, als sie über den Weltraum nachdachten und was sie dort oben sehen konnten. Doch wirklich erstaunlich ist, dass Menschen aus verschiedenen Ländern in die Sterne schauten und sehr ähnliche Muster sahen.

Es gibt ein Sternbild, das die alten Griechen Orion nannten. Sie erfanden eine Geschichte darüber, dass er sieben Schwestern jagte. Überall in Australien sahen die Aborigines dieselben Sterne und erzählten auch eine Geschichte über einen Mann, der sieben Schwestern jagte, aber sie nannten ihn Baiame.

KAPITEL 2
WUSSTEST DU, DASS DIE STERNE IN VERSCHIEDENEN LÄNDERN ANDERS AUSSEHEN?

Wenn du vor deinem Haus stehst, siehst du einen Blick auf die Vordertür und die Veranda, und wenn du hinten stehst, siehst du einen anderen Blick auf die Rückseite des Hauses. Genauso ist es mit Sternen. Da die Erde rund ist, ist es für Menschen auf verschiedenen Seiten unmöglich, zur gleichen Zeit dieselben Sterne zu sehen. Es gibt einige Sterne, die du von Kanada aus sehen kannst, die du von Australien aus niemals sehen wirst.

EINE LINIE UM DIE MITTE DER ERDE

Die Erde ist durch eine imaginäre Linie um ihre Mitte in zwei Hälften geteilt. Diese Linie ist ein bisschen wie ein Gürtel und wird Äquator genannt. Alle Länder und Ozeane oberhalb des Äquators liegen auf der Nordhalbkugel. Alle darunterliegenden Länder und Ozeane befinden sich auf der Südhalbkugel.

Die nördliche Hemisphäre und die südliche Hemisphäre tauschen sich niemals aus. Eine ist immer oben, die andere immer unten. Die in diesem Buch erwähnten Sternbilder sind alle von der Nordhalbkugel aus zu sehen.

HALT DICH FEST - DIE ERDE DREHT SICH!

Die Erde hat auch eine imaginäre Linie, die als Achse bezeichnet wird und direkt durch die Mitte verläuft. Stelle dir vor, du steckst einen Bleistift durch eine Orange. So würde die Erdachse aussehen, wenn wir sie sehen könnten! Oben ist der Nordpol und unten der Südpol.

· · ·

Diese Achse ist wichtig, weil sich die Erde um sie dreht. So erhalten wir Tag und Nacht. Es ist Tag, wenn dein Land der Sonne zugewandt ist, und Nacht, wenn es von der Sonne abgewandt ist. Während sich die Erde dreht, kannst du verschiedene Sterne sehen, und die Konstellationen erscheinen an verschiedenen Stellen am Himmel. Zu wissen, wo sie zu jeder Jahreszeit sein sollten, half Forschern, ihren Weg zu finden.

WAS GIBT ES SONST NOCH IN UNSEREM SONNENSYSTEM?

DIE SONNE

Die Sonne ist unser nächster Stern, aber sie ist immer noch 147 Millionen Kilometer entfernt. Sie versorgt uns mit all unserem Licht und unserer Wärme, und wenn wir die Sonne nicht hätten, könnten wir nicht überleben. Oben am Himmel sieht sie vielleicht ziemlich klein aus, aber die Sonne ist tatsächlich so riesig, dass man eine Million Kopien der Erde hineinsetzen könnte!

.   .   .

Wir haben bereits gesagt, dass sich die Erde um ihre eigene Achse dreht, aber wusstest du, dass sich die Erde auch um die Sonne dreht? Der Weg, den sie nimmt, wird als Umlaufbahn bezeichnet, und die Erde braucht ein Jahr, um die Sonne einmal vollständig zu umkreisen und wieder dort anzukommen, wo sie begonnen hat. Die Umlaufbahn der Erde ist kein perfekter Kreis; manchmal ist es näher an der Sonne, und manchmal ist es etwas weiter entfernt. Das ist der Grund, warum wir Sommer- und Winterzeiten bekommen und warum sich die Temperatur auf der Erde ändert.

DER MOND

Der Mond umkreist die Erde genauso wie die Erde die Sonne umkreist. Es dauert 28 Tage, bis der Mond einmal die ganze Erde umrundet hat. Unser Mond ist einer von mehr als 200 Monden in unserem Sonnensystem. Einige andere Planeten haben mehr als einen Mond. Jupiter, der größte Planet, hat 80 Monde!

Du kannst den Mond nachts sehen, aber er gibt kein eigenes Licht ab, wie es die Sterne tun. Stattdessen können wir den Mond sehen, weil das Licht der Sonne auf ihn scheint und der Mond dieses Licht auf die Erde reflektiert. Über einen Monat scheint der Mond seine Form von einem Vollmond zu einem

Halbmond und wieder zurück zu ändern, aber das ist eigentlich der Schatten der Erde, der dem Sonnenlicht im Weg steht.

Der Mond ist etwa 384.400 Kilometer von der Erde entfernt, was sich nicht sehr nah anhört, aber es ist tatsächlich nah genug, um die Schwerkraft des Mondes zu spüren. Die Schwerkraft des Mondes zieht Dinge zu sich hin. Es ist nicht stark genug, um den gesamten Planeten Erde zu bewegen, aber es erzeugt Wellen auf dem Ozean und zieht die Gezeiten ein und aus.

DIE PLANETEN

In unserem Sonnensystem gibt es acht Planeten, die alle um dieselbe Sonne kreisen. Der sonnennächste Planet heißt Merkur. Als nächstes kommt Venus, dann Erde, Mars, Jupiter, Saturn, Uranus und Neptun. Alle Planeten außer unserem sind nach römischen Göttern benannt. Einige der Planeten bestehen aus Gestein, wie die Erde, und andere sind Gaskugeln.

Wie bei dem Mond wird das Licht von den Planeten reflektiert, und du kannst einige von ihnen sogar ohne Teleskop von der Erde aus sehen! Die Planeten, die wir sehen können, sind Merkur, Venus, Mars, Jupiter und Saturn.

STERNSCHNUPPEN

Eine Sternschnuppe zu sehen kann wirklich aufregend sein. Früher dachten die Menschen, sie seien Zeichen dafür, dass die Götter ihre Gebete erhörten. Dank wissenschaftlicher Untersuchungen wissen wir jetzt, dass Sternschnuppen überhaupt keine Sterne sind. Sie sind eigentlich Meteore, die kleine Staub- oder Gesteinsstücke sind. Wenn sie die Erdatmosphäre berühren, erwärmen sie sich und beginnen zu leuchten. Manchmal kann man Meteoritenschauer sehen, die Tage oder Wochen andauern können, und es sind dann Tausende von Sternschnuppen am Himmel zu sehen. Der Spitzenreiter unter diesen Schauern wird Perseiden (ausgesprochen per-se-iden) genannt und findet jeden August statt. Du kannst jede Minute einen Meteor sehen!

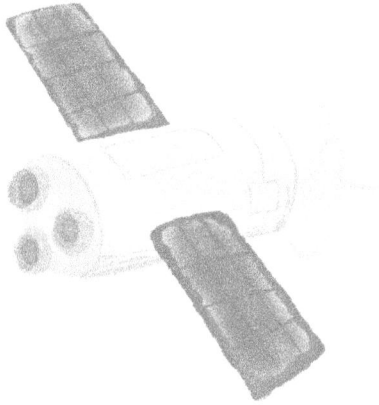

SATELLITEN

Nicht alles im Weltraum ist natürlich. Es gibt eine Menge Dinge, die Menschen dorthin geschickt haben. Wenn du einen sich langsam bewegenden Stern am Himmel siehst, handelt es sich wahrscheinlich um einen Satelliten. Satelliten sind elektronische Maschinen, die die Erde umkreisen. Man verwendet sie, um Nachrichten um die Welt zu senden, Fotos von der Erde zu machen und das Wetter zu überprüfen.

Haben deine Eltern ein GPS-System im Auto oder auf ihren Handys? Es gibt mehr als 30 Satelliten, die verwendet werden, um Menschen bei der Navigation auf den Straßen zu helfen. Wenn du dich also das nächste Mal auf einer Karte bewegen siehst, weißt du, dass es sich um eine Nachricht handelt, die den ganzen Weg aus dem Weltraum gesendet wurde!

KAPITEL 3
UNSERE GALAXIE, DIE MILCHSTRASSE

Unser Sonnensystem ist Teil einer Galaxie namens Milchstraße. Weißt du, wie sie zu ihrem Namen kam? Römische Astronomen blickten in den Himmel und sahen einen weißen Streifen, der aussah, als hätte jemand Milch auf die Sterne geschüttet, also nannten sie ihn „Die Milchstraße". Die Milchstraße beherbergt Hunderte Milliarden Sterne und ihre Planeten. Alles, was du am Himmel sehen kannst, ist Teil unserer Galaxie. Es gibt Milliarden von Galaxien im Universum, aber unsere ist die einzige, die ihren Namen mit einem Schokoriegel teilt!

STERNENHIMMEL UND DAS SONNENSYSTEM: BEWUNDERE DEN NACHTHIMMEL!

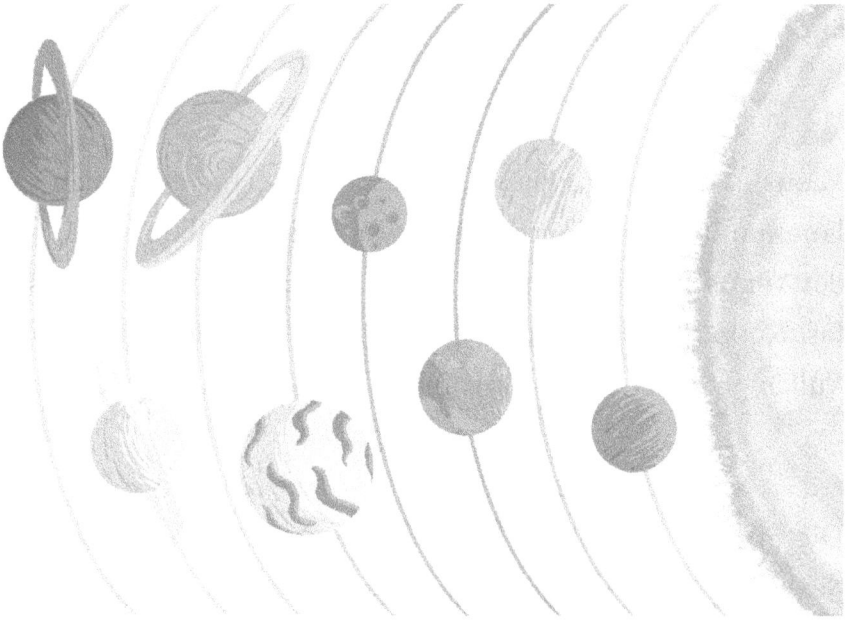

WILLKOMMEN IM SONNENSYSTEM

Unser Sonnensystem ist alles, was unsere Sonne umkreist, und alle Sterne, Kometen und Asteroiden, die durch ihre Schwerkraft an Ort und Stelle gehalten werden. Es wird auch Solarsystem genannt, weil „Sol" ein altes Wort für „Sonne" ist.

LERNE DIE PLANETEN KENNEN

Merkur ist der sonnennächste Planet. Es ist auch der kleinste Planet im Sonnensystem

– etwa ein Drittel so groß wie die Erde. Die Tage auf Merkur sind sehr, sehr heiß, aber die Nächte dort sind extrem kalt. Merkur hat keine Monde, aber er sieht unserem Mond sehr ähnlich, weil seine Oberfläche mit Kratern bedeckt ist.

Venus ist der zweite Planet von der Sonne. Sie dreht sich sehr langsam um ihre eigene Achse, was bedeutet, dass ein Tag auf der Venus so lange dauert wie 243 Tage auf der Erde. Das sind fast 6.000 Stunden! Die Oberfläche der Venus ist mit inaktiven Vulkanen bedeckt und ihr Himmel ist voller gelber Wolken.

Die Erde ist der einzige Planet in unserem Sonnensystem, auf dem etwas Lebendiges lebt. Die anderen Planeten sind entweder zu heiß oder zu kalt. Wissenschaftler haben Jahre damit verbracht, auf anderen Planeten nach Lebenszeichen zu suchen, aber sie haben noch nichts gefunden. Außerirdische müssen sehr gut darin sein sich zu verstecken!

Der Mars ist als „roter Planet" bekannt, weil er mit rostigem Eisenstaub bedeckt ist. Es hat Vulkane wie die Venus, aber sie sind inaktiv und brechen nicht mehr aus. Der Mars hat zwei Monde namens Phobos und Deimos. Es gibt vielleicht keine Außerirdischen auf dem Mars, aber es gibt viele Roboter! Denn

Wissenschaftler schicken sie seit 1965 zur Erforschung auf den Mars.

Jupiter ist der größte Planet in unserem Sonnensystem. Er wird manchmal als Gasriese bezeichnet, weil er fast vollständig aus Gas besteht. Die Oberfläche ist sehr windig und voller Stürme. Einer dieser Stürme erzeugt einen wirbelnden roten Fleck, der wie das Auge des Planeten aussieht. Es macht Jupiter zu dem Planeten, den man am leichtesten erkennen kann.

Saturn – ein weiterer Gasriese – hat die meisten Monde von allen Planeten in unserem Sonnensystem: 82! Er ist auch von Ringen aus Felsen und Eis umgeben. Diese Ringe sind sehr schön und machen Saturn zum einzigartigsten Planeten, den man sich ansehen kann. Du kannst die Ringe des Saturn von der Erde aus sehen, wenn du ein Teleskop verwendest.

Uranus hat auch Ringe, aber sie sind viel dünner und weniger hell als die von Saturn. Uranus ist ein Eisriese, weil er so kalt ist, dass einige der Gase in seiner Atmosphäre gefroren sind. Uranus ist der einzige Planet, der sich auf seiner Seite liegend dreht. Wissenschaftler glauben, dass dies daran liegt, dass er von einem anderen Planeten getroffen und umgeworfen wurde!

· · ·

Neptun ist der Planet der in unserem Sonnensystem am weitesten entfernt ist und ein weiterer Eisriese. Es hat einen hellen Blauton aufgrund der Arten von Gasen in seiner Atmosphäre. Neptun ist so weit entfernt, dass es nur einem Raumschiff gelungen ist, ihn zu erreichen. Diese Entfernung erschwert es uns, so viel über Neptun zu wissen wie über nähere Planeten. Für Wissenschaftler gibt es also noch viel zu entdecken.

KEIN TELESKOP? KEIN PROBLEM!

Es gibt viele Dinge, die du ohne spezielle Ausrüstung am Nachthimmel sehen kannst. Tatsächlich hatten die ersten Astronomen nichts Besonderes, um sich zu helfen. Sie hatten nur ihre Augen, um zu sehen, und ihre Hände, um Entfernungen zu messen.

Nachts ist der Mond am einfachsten zu sehen, weil er das hellste Objekt und das auch nächste ist. Zu Beginn der Nacht steht er im Osten. Da sich die Erde dreht, sieht der Mond so aus, als würde er sich über den Himmel bewegen. Wenn es dann später wird, bewegt sich der Mond über dir und beginnt im Westen unterzugehen.

Das zweithellste Objekt am Himmel ist der Planet Venus. Du kannst auch Merkur, Mars, Jupiter und Saturn sehen. Mars ist leicht zu erkennen, weil er ein bisschen rot und Saturn ein bisschen gelb aussieht.

Du kannst auch Tausende von Sternen am Himmel sehen, und du brauchst kein Teleskop, um die Sternbilder zu finden. In den nächsten Kapiteln erfährst du, wo sie sich befinden, wie sie aussehen und wie du sie finden kannst.

Eines der aufregendsten Dinge, die du ohne Teleskop sehen kannst, ist die Internationale Raumstation! Hier leben Astronauten, wenn sie im All sind. Du kannst sehen, wie sie sich kurz nach Sonnenuntergang am Himmel bewegt. Das Licht der Sonne wird von den Solarmodulen der Raumstation reflektiert und macht sie zum dritthellsten Objekt am Nachthimmel. Um zu sehen, wann die Internationale Raumstation das nächste Mal in deiner Nähe vorbeifliegt, gehe zu spotthestation.-nasa.gov.

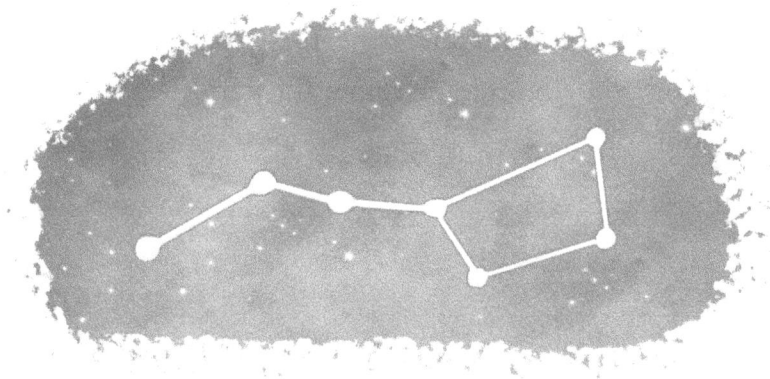

DER GROSSE WAGEN

Der Große Wagen, auch als Pflug und Wagen bekannt, ist eines der am einfachsten zu findenden Muster am Nachthimmel. Es sieht ein bisschen aus wie ein Kochtopf und besteht aus sieben Sternen; vier in „der Schüssel" und drei in „dem Griff". Der hellste Stern im Großen Wagen ist mehr als 100-mal heller als unsere Sonne, aber er ist sehr weit entfernt. In der Nähe befindet sich der Kleine Wagen, eine kleinere Version, die fast die gleiche Form hat.

Früher benutzten Seefahrer den Großen Wagen, um nachts zu navigieren, weil er auf den Polarstern zeigt. Finde die beiden Sterne am Ende der „Schale" und ziehe eine imaginäre Linie durch sie hindurch. Folge dieser Linie und du wirst einen sehr hellen Stern am Ende des Griffs des Kleinen Wagens finden.

Diese beiden Sterne werden Zeigersterne genannt, weil sie auf Polaris zeigen. Ein anderer Name für den Großen Wagen ist Ursa Major und ein anderer Name für den Kleinen Wagen ist Ursa Minor.

DIE GESCHICHTE VON URSA MAJOR UND URSA MINOR

Diese epische Geschichte beginnt mit Callisto, einer Menschenfrau, die Hera, die Frau des Zeus, nicht mochte. Hera verwandelte die arme Callisto in einen großen Grizzlybären. Callisto konnte nicht nach Hause zu ihrer Familie zurückkehren und musste im Wald leben. Callisto hatte einen Sohn, und sie vermisste ihn sehr. Eines Tages ging ihr Sohn im Wald auf die Jagd, und Callisto entdeckte ihn von weitem. Das machte sie so glücklich, dass sie zu ihm rannte, um ihn fest zu umarmen, aber ihr Sohn dachte, sie wäre ein gewöhnlicher Bär, der ihn angreifen wollte! Er hielt seinen Speer hoch, bereit, den furchterregenden Bären anzugreifen.

Zeus beobachtete das alles vom Himmel aus und beschloss, dass er helfen würde. Er hob Callisto und ihren Sohn auf und brachte sie in die Sterne, wo sie immer zusammen sein konnten. Callisto ist Ursa Major – der große Bär, und ihr Sohn ist Ursa Minor – der kleine Bär.

EIN PRAKTISCHER TIPP VON ASTRONOMEN

Astronomen verwenden eine Maßeinheit namens Grad, um anzuzeigen, wie weit verschiedene Objekte im Weltraum voneinander entfernt sind. Du kannst sie auch mit diesem erstaunlichen Trick verwenden. Alles, was Du brauchst, ist deine eigene Hand!

. . .

Strecke deinen Arm vor dir aus und balle deine Hand zu einer Faust. Der Abstand von deinem ersten Fingerknöchel (den Daumen nicht mitzählen) bis zu deinem vierten Fingerknöchel beträgt 10 Grad. Spreize jetzt nur deinen Daumen und kleinen Finger. Der Abstand von Spitze zu Spitze beträgt 25 Grad. Und wenn du nur deinen kleinen Finger hochhältst, beträgt die Breite 1 Grad.

Dieser praktische Tipp kann dir helfen, die Sterne zu finden. Probiere es mit Polaris (auch Nordstern genannt) aus! Er sollte 30 Grad vom Ende des Großen Wagens entfernt sein. Du kannst dies mit drei Fäusten messen. Hat es funktioniert?

POLARIS ODER DER NORDSTERN

Polaris ist der letzte Stern im Kleinen Wagen, und er ist der wichtigste Stern – abgesehen von unserer eigenen Sonne – weil er uns hilft, den Norden zu finden. Entdecker und Seefahrer benutzen Polaris, um sicherzustellen, dass sie sich nicht verirrten. Er ist der einzige Stern am Himmel, der sich nicht bewegt. Tatsächlich sehen alle anderen Sterne so aus, als würden sie sich um den Nordstern drehen.

Polaris ist etwa 70 Millionen Jahre alt, was bedeutet, dass einige der Dinosaurier ihn hätten sehen können!

NORDEN FINDEN

Du hast bereits gelernt, wie man den Polarstern (Nordstern) findet, aber es gibt einen anderen Weg, um herauszufinden, wo Norden ist. Du kannst einen Kompass verwenden. Kompasse haben in der Mitte eine Nadel, die immer zum Nordpol zeigt. Halte deinen Kompass flach in deiner Handfläche. Drehe dich um, um in die Richtung zu schauen, in die die Nadel zeigt. Herzlichen Glückwunsch, du hast den Norden gefunden!

Wenn du keinen Kompass hast, kannst du eine Smartphone-App herunterladen, die auf die gleiche Weise funktioniert. Wenn du nach dem Norden suchst, weißt du, wo du suchen musst, um die Sternbilder zu finden. Wenn du nach Norden schaust, weißt du auch, dass Osten zu deiner Rechten, Westen zu deiner Linken und Süden hinter dir liegt.

ENTDECKE DEINE ERSTEN STERNE

Du kannst einige Sterne verwenden, um andere zu finden. Auch auf diese Weise ist Polaris, der Nordstern, wirklich nützlich. Viele Konstellationen können gefunden werden, indem man eine gewisse Anzahl an Graden, von Polaris ausgehend, misst. Du musst nur deinen Kompass verwenden, um zu wissen, in welche Richtung du messen musst.

Vielleicht weißt du jetzt, wie du den Großen Wagen und den Kleinen Wagen findest. Denke daran, dass du im Norden nach ihnen suchen musst.

Eine weitere leicht zu findende Konstellation ist Orion. Dieses Mal musst du nach Süden schauen. Verwende die Handmethode, um etwa 30 Grad über dem Horizont zu messen und nach drei hellen Sternen in einer Linie zu suchen. Diese Sterne bilden den Gürtel des Orion. Seine Arme strecken sich über diesen Gürtel und seine Beine stehen darunter.

Wenn du etwa 40 Grad westlich vom Oriongürtel misst, findest du einen Sternhaufen namens Plejaden. Diese Gruppe besteht aus etwa 3.000 Sternen, die alle zusammen funkeln. Sie sehen aus, als hätte jemand eine Tüte Diamanten in den Himmel geschüttet. Die Plejaden sind einer der erdnächsten Sternhaufen, weshalb sie so hell aussehen.

KAPITEL 4
STERNENKONSTELLATIONEN (STERNBILDER) FÜR DIE FRÜHLINGSZEIT

Da sich die Erde immer um die Sonne bewegt, können wir nicht immer die gleichen Sterne am Himmel sehen. Genauso wie du verschiedene Dinge siehst, wenn du während der Fahrt aus einem Autofenster schaust, ändert sich die Landschaft im Weltraum jeden Tag, aber weil sich die Erde in einer Umlaufbahn bewegt, wird sie immer zur gleichen Zeit an den gleichen Ort zurückkehren. Astronomen konnten Karten der Sterne erstellen, sodass wir wissen, was wir zu verschiedenen Jahreszeiten sehen können.

Diese Sternbilder sind alle im Frühling zu sehen (solange es nicht regnet)!

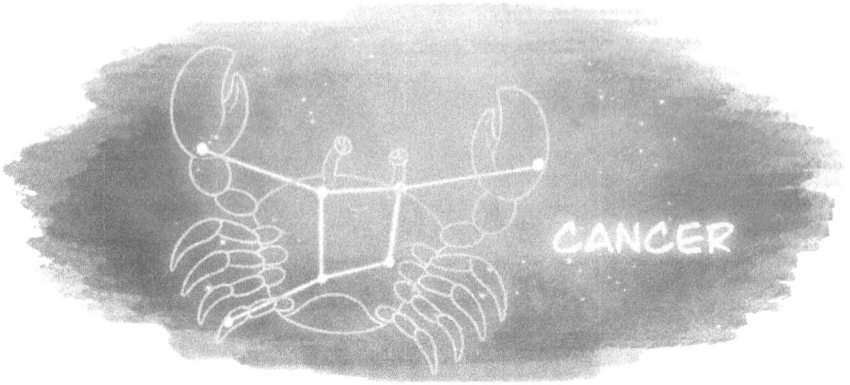

KREBS

Die beste Zeit, um diese Krustentier konstellation zu sehen, ist zwischen Februar und Mai. Sie ist ziemlich schwer zu erkennen, weil die Sterne darin nicht so hell sind wie viele andere. Du musst dich daran erinnern, wie du die Grade mit deinen Händen messen kannst.

Befolge zunächst die Anweisungen auf den nächsten Seiten, um das Sternbild Löwe zu finden. Versuche, dir eine Linie vorzustellen, die entlang Leos Rücken verläuft, beginnend mit dem Stern oben auf seinem Schwanz und sich dann mit dem Stern am Ansatz seiner Mähne verbindet. Miss mit deinen Fäusten 20 Grad und ziehe diese Linie unter Leos Kopf und vor ihm. So solltest du den richtigen Stern in der Mitte des Krebses finden.

. . .

Eine andere Möglichkeit, den Krebs zu finden, ist die Verwendung deines Kompasses. Blicke nach Süden und verwende deine Fäuste, um 50–60 Grad vom Horizont nach oben zu messen. Je nach Monat musst du eventuell etwas mehr nach links oder rechts schauen. Wenn du diese beiden Techniken kombinierst, solltest du eine wirklich gute Chance haben, ihn zu entdecken!

Wusstest du?

- Der Krebs wurde erstmals im Jahr 2 n. Chr. von einem griechischen Astronomen namens Ptolemäus aufgezeichnet.
- Dieses Sternbild hat einen Sternhaufen in seiner Mitte. Er wird „der Bienenstockhaufen" oder „Bienenstock-Cluster" genannt, hat rund 1.000 Sterne und ist über 600 Millionen Jahre alt.

LÖWE (LEO)

Leo, der Löwe, brüllt im März über den östlichen Teil des Himmels und im Mai zieht er nach Süden. Das Bild des Löwen ist seit mehr als 6.000 Jahren am Himmel zu erkennen. Es ist eines der am einfachsten zu sehenden Sternbilder, da der Löwe aus einigen sehr hellen Sternen besteht.

Um Leo am Himmel zu finden, musst du zuerst den Großen Wagen finden. Finde die zwei Sterne, die die Seite der Schüssel bilden, die am weitesten vom Griff entfernt ist. Verwende deine Vorstellungskraft, um sie miteinander zu verbinden und eine Linie durch sie zu ziehen. Halte diese Linie bei etwa 35–40 Grad aus dem Boden des Löffels heraus. Denke daran, dass es drei-einhalb Fäuste sind! Deine Linie sollte an der Spitze von Leos Schwanz enden.

. . .

Du kannst den Löwen auch mit einem Kompass finden, aber die Richtung, in die du blickst, ändert sich je nach Monat. Blicke im März nach Osten und miss 40 Grad über dem Horizont. Im April und Mai musst du 60 Grad nach oben messen und von Süden nach Südosten ausgerichtet sein.

Wusstest du?

- Das Sternbild Löwe ist sowohl von der nördlichen als auch von der südlichen Hemisphäre aus zu sehen.
- Der Löwe beherbergt 156 verschiedene Sterne, aber nur 13 von ihnen haben offizielle Namen. Der hellste Stern heißt Regulus.

DIE GESCHICHTE VON LEO DEM LÖWEN

Hier ist eine sagenumwobene Geschichte, die Menschen vor langer Zeit über das Sternbild Löwe erzählten. Die erste Aufgabe, die Hercules übertragen wurde, betraf einen Löwen in der griechischen Stadt Nimea. Der Löwe kam in die Stadt und fing einige der Stadtbewohner! Als die Dorfbewohner sie aus der Höhle des Löwen retten wollten, wollte der Löwe sie alle auffressen! Niemand konnte den Löwen besiegen, weil seine Haut so dick war, dass Schwerter und Speere einfach daran abprallten. Herkules kämpfte mit bloßen Händen gegen den Löwen, besiegte ihn und befreite die gefangenen Stadtbewohner.

Hera, die Frau des Zeus, war verärgert darüber, dass der Löwe Herkules nicht besiegt hatte, aber sie wollte ihn für seinen Versuch belohnen. Sie setzte den Löwen in die Sterne und schuf das Sternbild Löwe.

BOÖTES (BÄRENHÜTER)

Es gibt viele verschiedene Geschichten darüber, wer Boötes war, die alle aus der griechischen Mythologie (Sagenwelt) stammen. Die berühmteste Geschichte besagt, dass Boötes der Mann war, der den Pflug erfand, die Landwirtschaft schneller und einfacher machte und allen Dörfern mehr Nahrung brachte. Sein Bild wurde in die Sterne gesetzt, um ihn für seine wunderbare Erfindung zu ehren.

Wenn du Boötes selbst sehen möchten, musst du im April und Mai nach Osten schauen, und im Juni und Juli wende dich nach Süden. Vergiss nicht, einen Kompass oder eine Kompass-App zu verwenden, um sicherzustellen, dass du in die richtige Richtung schaust. Im April steht das Sternbild nur 20 Grad über dem Horizont, aber in den anderen Monaten musst du etwa 60 Grad messen.

. . .

Du kannst Boötes auch finden, indem du den Großen Wagen verwendest, um dir dabei zu helfen. Finde heraus, wo sich der Griff des Großen Wagens befindet, und verbinde die Sterne mit einer gebogenen Linie. Folge dieser imaginären Kurve weitere 30 Grad, und du solltest dich beim hellsten Stern in Boötes wiederfinden. Dieser Stern heißt Arcturus und ist wie der Bauchnabel von Boötes! Unter Arcturus sind zwei Beine zu sehen, darüber der drachenförmige Oberkörper des Pflügers.

Wusstest du?

- Das Sternbild Boötes enthält 10 Sterne, die von Planeten umkreist werden.
- In Boötes gibt es ein riesiges Weltraumgebiet, das Boötes Void genannt wird, weil es leer zu sein scheint. Es enthält 60 Galaxien, aber in einem so großen Gebiet würde man etwa 1.000 erwarten. Das sind viele fehlende Galaxien! Viele Astronomen denken, dass die Leere von Boötes ziemlich gruselig ist, weil sie so dunkel ist. Vielleicht machen sie sich Sorgen, dass etwas die Sterne frisst?

JUNGFRAU (VIRGO)

Das Sternbild Jungfrau ist das zweitgrößte Sternbild am Himmel. Die Jungfrau wird normalerweise mit der Ernte in Verbindung gebracht und mag sogar selbst die griechische Göttin der Ernte sein. Sie hieß Demeter und sorgte dafür, dass die Feldfrüchte gut wuchsen und alle genug zu essen hatten. Einige Leute denken, dass die Jungfrau nicht Demeter ist, sondern ihre Tochter Persephone, die den Wechsel der Jahreszeiten herbeiführt. Wer auch immer die Jungfrau ist, das Sternbild zeigt eine junge Dame, die eine Weizengarbe in der linken Hand hält, um alle daran zu erinnern, dass sie gesunde Feldfrüchte bringt.

Die Jungfrau hat einige schwache Sterne und einige helle Sterne, was bedeutet, dass einige Teile der Konstellation leichter zu erkennen sind als andere. Möglicherweise musst du wirklich genau hinschauen, um alles zu sehen. Wenn du weißt, wie man Boötes findet, solltest du auch die Jungfrau finden können.

Beginne wieder mit dem Großen Wagen und stelle dir eine geschwungene Linie vor, die aus dem Griff herauskommt. Folge dieser Linie für 30 Grad – drei Fäuste – bis du den hellen Stern von Arcturus erreichst. Verfolge es für weitere 30 Grad weiter, und du solltest einen weiteren wirklich hellen Stern finden. Dieser hier heißt Spica, und es ist der Weizen, den die Jungfrau hält.

Eine andere Möglichkeit, das Sternbild Jungfrau zu finden, besteht darin, mit einem Kompass nach Südosten zu suchen und etwa 30 Grad über dem Horizont zu messen. Suche dann nach dem hellen Stern von Spica, um den Rest des Bildes zu finden. Die Jungfrau ist am besten zwischen April und Juni zu sehen.

Wusstest du?

- Das Sternbild Jungfrau beherbergt mehrere Galaxien. Eine von ihnen hat einen wirklich lustigen Namen bekommen – die Sombrero-Galaxie! Dies liegt daran, dass sie die Form eines breiten Hutes hat.

- Spica ist eine Sternart, die als blauer Riese bezeichnet wird. Er ist mehr als 12.000 Mal heller als unsere Sonne, weshalb wir ihn aus so großer Entfernung sehen können. Vielleicht ist es dir möglich zu sehen, dass er blauer aussieht als einige der anderen Sterne in der Nähe, und dies ist eine Möglichkeit, ihn zu erkennen.

KAPITEL 5
STERNENKONSTELLATIONEN (STERNBILDER) FÜR DIE SOMMERZEIT

Das Erkennen von Sternbildern im Sommer kann schwierig sein, da es erst viel später am Tag dunkel wird. Natürlich sind die Sterne auch tagsüber da, aber wir können sie wegen des Lichts unserer Sonne nicht sehen. Die beste Zeit, um nach Sternbildern zu suchen, ist normalerweise gegen 21:00 Uhr, aber du musst möglicherweise noch länger aufbleiben, wenn es noch nicht dunkel genug ist!

Die gute Nachricht ist, dass es viele Sternbilder gibt, nach denen man suchen kann, sobald es dunkel wird. Hier sind die Sommersterne, für die es sich lohnt, auf Schlaf zu verzichten.

HERKULES

Herkules ist fünf Monate im Jahr am Nachthimmel sichtbar. Im Mai und Juni kannst du ihn genau nach hin Osten finden. Im August und September befindet er sich im Westen. Und im Juli ist er direkt über dir!

Der beste Weg, Herkules zu finden, besteht darin, zuerst zwei der hellsten Sterne am Himmel zu entdecken. Einer ist Arcturus, der Stern in der Mitte von Boötes, und du kannst dieses Buch noch einmal durchblättern, um dich daran zu erinnern, wie du ihn findest. Der andere Stern heißt Vega. Um Vega zu finden, musst du nach Nordnordosten schauen. Ziehe eine Linie vom Horizont direkt nach oben bis zu dem Punkt direkt über deinem Kopf. Vega ist der hellste Stern auf dieser Linie.

· · ·

Wenn du sowohl Vega als auch Arcturus gefunden hast, stelle dir vor, wie du sie mit einer Linie verbindest. Genau in der Mitte dieser Linie sollte die Keystone-Sterngruppe stehen. Dies ist eine Raute aus vier Sternen, die auch wie die kurzen Hosen von Herkules erscheint! Du solltest dann auch die Arme und Beine sehen können, die den Rest des Sternbildes ausmachen.

Du kannst überprüfen, ob du an der richtigen Stelle suchst, indem du mit deinen Fäusten vom Horizont ausgehend misst. Miss im Mai und September 3-4 Fäuste. Miss im Juni und August 5-6 Fäuste. Im Juli musst du 9 Fäuste zählen.

<u>Wusstest du?</u>

- Wenn du ein Teleskop hast, kannst du vielleicht den Großen Sternhaufen erkennen – eine kreisförmige Gruppe von Millionen von Sternen. Sie liegt am Rande des Keystone-Sterngruppe, aber obwohl sie so viele Sterne hat, ist sie nicht sehr hell.
- In Herkules umkreisen 29 Planeten die Sterne, darunter ein Gasriese, der achtmal so groß ist wie Jupiter – dem größten Planeten in unserem Sonnensystem.

DIE GESCHICHTE VON HERKULES

Die Geschichte von Herkules ist eine der berühmtesten Geschichten, die jemals erzählt wurden. Der Vater von Herkules war Zeus, aber seine Mutter war eine menschliche Frau. Die Frau des Zeus war darüber nicht glücklich, und sie tat Herkules immer sehr gemeine Dinge an. Sie veranlasste den König, Herkules 12 unmögliche Aufgaben zu schicken, in der Hoffnung, dass dies ihn zugrunde richten würde. Herkules war jedoch sehr stark und sehr tapfer und er erledigte alle seine Aufgaben. Als er starb, machte Zeus ihm zu Ehren eine Sternenkonstellation. Das Sternbild Herkules zeigt ihn im Ringen mit dem Ungeheuer Hydra, was seine zweite Aufgabe war.

WAAGE (LIBRA)

Die Göttin des Gesetzes im antiken Griechenland hieß Dike und trug eine Waage mit sich. Sie benutzte sie, um das auszugleichen, was fair und gerecht war. Die Sternenkonstellation der Waage ist ein Bild dieser Waage und erinnert alle daran, dass Gerechtigkeit wichtig ist.

Du kannst die Waage in den Monaten Mai, Juni und Juli finden, indem du nach Süden schaust. Sie erscheint immer ziemlich tief am Horizont, also musst du warten, bis die Sonne vollständig untergegangen ist, um sie sehen zu können. Schaue knapp über den südlichen Horizont und versuche, einen leuchtend roten Stern zu finden. Dieser Stern heißt Antares. Er ist zwischen 20 und 30 Grad hoch, je nachdem, wo genau du dich gerade auf der Welt befindest.

· · ·

Du musst auch Spica finden, den hellsten Stern in der Jungfrau. Sobald du diese beiden Sterne entdeckt hast, versuche dir eine Linie vorzustellen, die sie miteinander verbindet, und du wirst die Waage genau in der Mitte finden. Sie ist jedoch eines der kleinsten Sternbilder, daher brauchst du möglicherweise einen erfahrenen Sterndeuter, der dir hilft oder eine entsprechende App.

Überprüfe, ob du am richtigen Ort bist, indem du 30 Grad über dem Horizont misst. Es gibt drei Sterne direkt über Antares, die in einer Linie wie Orions Gürtel liegen. Die Waage liegt knapp darüber.

Wusstest du?

- Waage ist das einzige Sternbild, das einem der 12 Tierkreiszeichen seinen Namen gibt, welches kein Lebewesen ist. Alle anderen sind entweder Tiere oder Menschen.
- Die Sterne der Waage gehörten früher zum Sternbild Skorpion. Im Laufe der Jahre wurden sie als ihre eigene Sternenkonstellation erkannt, sind aber dem Skorpion immer noch sehr nahe, und du kannst eine Konstellation verwenden, um die andere zu finden.

CORONA
BOREALIS

CORONA BOREALIS (NÖRDLICHE KRONE)

Das Sternbild Corona Borealis ist sehr klein, aber aufgrund seiner Form ist es ziemlich leicht zu erkennen. Es sieht genauso aus wie das Objekt, das es darstellt – eine glänzende, juwelenbesetzte Krone. Diese Krone wurde einer Prinzessin namens Ariadne gegeben. Es war ein Hochzeitsgeschenk ihres Mannes, des Gottes Dionysos. Dionysos wollte sich für immer an diesen besonderen Tag erinnern, also machte er ein Bild der Krone am Nachthimmel.

Du kannst Corona Borealis zwischen Mai und September sehen. Sie befindet sich immer in der Nähe des Sternbildes Herkules, und du kannst sie auf ähnliche Weise finden. Finde die hellen Sterne Vega und Arcturus und stelle dir eine Linie vor, die sie miteinander verbindet. Miss ausgehend von Arcturus 20 Grad in Richtung Vega, und du solltest bei einem anderen hellen Stern landen. Dieser heißt Alphecca und ist der hellste Stern in Corona Borealis. Er befindet sich am unteren Ende der gebogenen Kronenform.

Du kannst Corona Borealis auch auf andere Weise finden, indem du vom Horizont ausgehend misst. Das kann schwierig sein, weil sie sich viel bewegt – was seltsam ist, da eine Krone keine Beine hat! Im Mai musst du nach Osten schauen und 50 Grad (fünf Fäuste) vom Horizont nach oben messen. Im Juni und Juli musst du mehr nach Süden schauen und 70 Grad (sieben Fäuste) vom Horizont nach oben messen. Im August und September solltest du nach Westen schauen und mindestens 30 Grad oder drei Fäuste messen.

Wusstest du?

- Corona Borealis hieß früher nur Corona. Es gibt eine andere Konstellation, die wie eine Krone aussieht, namens Corona Australis, also wurde das zweite Wort hinzugefügt, weil die Leute verwirrt waren. Corona Borealis ist die Nordkrone und Corona Australis ist die Südkrone.
- Corona Borealis hat nur acht Sterne in ihrem Muster, und fünf von ihnen haben Planeten, die sie umkreisen.

LYRA (LEIER)

Du hast Lyra wahrscheinlich schon gesehen, aber es nicht bemerkt, da dies die Sternenkonstellation mit Vega in ihrem Muster ist. Aus diesem Grund ist es wirklich einfach, Lyra zu finden, und du kannst zwischen den Monaten Juni und Oktober danach suchen. Lyra hat eigentlich die Form eines kleinen Fisches mit einem dreieckigen Schwanz und einem Parallelogramm förmigen Körper.

Erinnerst du dich, wie du Vega findest? Schaue nach Nord-Nordost und stelle dir eine Linie vor, die den Horizont mit dem höchsten Punkt am Himmel verbindet. Vega ist der hellste Stern auf dieser Linie. Vega ist eine der Ecken von Lyras Drei-eck, wenn du dich also umschaust, solltest du in der Lage sein, den Rest des Sternbildes zu erkennen.

. . .

Wenn du Lyra lieber durch Messen finden möchtest, halte deinen Kompass oder deine Kompass-App bereit. Im Juni und Juli musst du nach Osten schauen. Im September und Oktober musst du nach Westen schauen, aber im August solltest du Lyra und Vega direkt über deinem Kopf finden. Wie viele Grade du messen musst, hängt davon ab, wann du suchst. Da sich Lyra kopfüber bewegt, ändert sich ihre Entfernung vom Horizont schnell. Miss im Juni und Oktober mindestens 40 Grad, aber im Juli und September musst du mindestens 60 Grad messen.

Wusstest du?

- Lyras hellster Stern, Vega, war neben unserer Sonne der erste Stern, der fotografiert wurde. Astronomen am Observatorium der Harvard Universität taten dies 1850.
- Vega ist ein wirklich wichtiger Stern, weil er früher der Polarstern war. Da sich die Erde in einem kleinen Winkel dreht, ändert sich die Position des Nordpols sehr, sehr langsam. Schließlich hörte er auf, auf Vega zu zeigen, und zeigte stattdessen wieder auf Polaris. Vega wird in etwa 13.000 Jahren wieder der Polarstern sein.

DIE GESCHICHTE VON LYRA DER LEIER

Nicht alle Sternbilder sind nach Tieren oder Menschen benannt. Lyra war eine Leier, die dem griechischen Musiker Orpheus gehörte. Orpheus reiste mit Jason auf seiner Suche nach dem Goldenen Vlies und benutzte seine Leier, um zu helfen, wann immer er konnte. Seine Musik hatte die magische Kraft, wütende Tiere zu beruhigen und sie davon abzuhalten, gefährlich zu werden. Zeus machte aus Sternen das Sternbild Lyra. Es war seine Art, allen dabei zu helfen, sich an Orpheus zu erinnern.

SKORPION (SCORPIUS)

Dieses Sternbild ist leichter zu erkennen, wenn du auf der Südhalbkugel lebst, aber im Sommer ist es möglich, diesen heimtückischen Skorpion zu sehen, der gerade über den Horizont ragt. Du musst jedoch bis später in der Nacht warten, um ihn zu sehen (gegen 22:00 Uhr). Deine beste Chance, den Skorpion zu sehen, hast du im Juli, aber du kannst ihn vielleicht auch im Juni und August sehen, besonders, wenn du näher am Äquator lebst.

Um den Skorpion zu finden, schaue zum südlichen Horizont und suche nach einem hellen Stern, der ein wenig rötlich-orange aussieht. Das ist Antares – derselbe Stern, mit dem wir die Waage gefunden haben. Auf einer Seite von Antares befinden sich drei Sterne, alle in einer Reihe. Diese bilden die Schere des Skorpions. Auf der anderen Seite von Antares ist eine lange Form, ein bisschen wie ein Fragezeichen. Das ist der giftige Stachel des Skorpions.

Wusstest du?

- Auf Hawaii soll der gebogene Schwanz des Skorpions Mauis magischen Angelhaken darstellen. Maui ist ein Halbgott, der in vielen hawaiianischen Mythen vorkommt, aber die meisten Leute kennen ihn jetzt aus dem Film Vaiana.
- Antares wird manchmal als Rivale des Mars bezeichnet, weil die beiden sehr ähnlich aussehen. Sie sind fast nicht voneinander zu unterscheiden, wenn sie gleichzeitig am Himmel erscheinen. Beide haben einen roten Farbton und sehen heller aus als der Rest der Sterne um sie herum.

DIE GESCHICHTE VON SCORPIUS DEM SKORPION

Hier ist eine weitere erstaunliche und wundersame Sternenbild-Legende, diesmal von Scorpius dem Skorpion. Orion war ein so großartiger Jäger, dass er einmal damit prahlte, er würde jedes Tier der Welt jagen. Das war nicht besonders nett zu sagen, und die griechische Göttin Gaia – die die ganze Natur erschaffen hatte – war sehr wütend auf ihn. Sie hat Scorpius zum Riesenskorpion gemacht, um ihre Tiere zu beschützen. Scorpius kämpfte mit Orion und schaffte es, ihn zu besiegen. Zeus war so beeindruckt von Scorpius, dass er ihm als Sternbild seinen eigenen Platz am Himmel gab. Dort blieb er, um Orion daran zu erinnern, dass es keine gute Idee ist, prahlerisch zu sein.

Orion und Scorpius können niemals gleichzeitig am Himmel gesehen werden. Die Griechen sagten, das liegt daran, dass der eine, wenn er auftaucht, den anderen verjagt. Wir wissen jetzt, dass dies daran liegt, dass sich die Erde dreht und sich die beiden Sternenkonstellationen an verschiedenen Orten im Weltraum befinden.

CYGNUS (SCHWAN)

Später erfährst du, wie sich der griechische Gott Zeus in einen Stier verwandelte, als er die Prinzessin Europa traf. Das Sternbild Cygnus erzählt uns jedoch von einer anderen Volkskundengeschichte, in der Zeus wiederum die Aufmerksamkeit von jemandem erregen wollte, indem er sich in eine Kreatur verwandelte. Dieses Mal wurde er ein Schwan, und die Aufmerksamkeit der Person, die er zu bekommen versuchte, hieß Leda, die Mutter von Castor und Pollux.

Cygnus kann zwischen Juli und Oktober durch den Himmel fliegend gesehen werden. Du musst Vega wiederfinden, also musst du mittlerweile gut darin sein! Sobald du Vega sehen kannst, stelle dir eine Linie vor, die sie mit dem nordöstlichen Horizont verbindet. Miss 25 Grad entlang dieser Linie, und du wirst an dem Stern ganz am Ende von Cygnus' Schwanzfedern vorbeikommen. Es heißt Deneb und ist auch Teil einer Stern-gruppe namens Nordkreuz. Wenn du die Linien des Nord-kreuzes verlängerst, wirst du zwei Flügel und den langen Hals des Schwans erkennen.

Wenn du im September auf die Suche gehst, kannst du Cygnus direkt über dir fliegen sehen. Im Juli und August musst du nach Osten schauen und 40–70 Grad vom Horizont messen, je nach-dem, wie früh du suchst. Im Oktober solltest du nach Westen schauen und etwa 60 Grad vom Horizont ausgehend messen. Da Cygnus ein so markantes Kreuz in seiner Mitte hat, ist er eines der am einfachsten zu erkennenden Sternbilder.

Wusstest du?

- Wenn du von einem sehr dunklen Bereich aus in die Sterne blickst, kannst du unter Cygnus möglicherweise etwas sehen, das wie eine dünne, milchige Wolke aussieht. Dies ist Teil der Milchstraße, unserer erstaunlichen Galaxie.
- Wenn du ein Fernglas oder ein Teleskop hast, kannst du möglicherweise auch den nordamerikanischen Nebel sehen. Das ist eine riesige Wolke aus Weltraumstaub und sieht aus wie ein schwaches Leuchten neben dem Stern Deneb.

AQUILA (ADLER)

Ein weiterer sagenumwobener Vogel in den Sternen, Aquila, ist ein Adler, der in der Nähe von Cygnus fliegt. Der Adler gehörte Zeus und war neben Pegasus das einzige andere Tier, das seine Blitze ertragen konnte. Aquila wurde auch von Zeus angewiesen, einen Menschen namens Ganymed auf den Berg Olympus – die Heimat der Götter – zu bringen, um ihnen zu dienen und all ihre Aufgaben zu erledigen. Ganymed sollte schließlich in sein eigenes Sternbild namens Wassermann verwandelt werden.

Aquila ist im Juli, August, September und Oktober zu sehen. Beginne im Juli mit deinem Kompass oder deiner Kompass-App Richtung Osten zu suchen, und miss dann drei Fäuste hoch vom Horizont. Blicke im August etwas weiter nach Süden und schaue etwas höher – diesmal fünf Fäuste. Im September und Oktober musst du den südwestlichen Himmel finden und zwischen vier und fünf Fäuste über den Horizont schauen.

Du kannst Aquila auch finden, indem du nach Vega suchst. Stelle dir eine Linie vor, die zwischen Vega und dem Stern am Ende des Parallelogramms von Lyra verläuft. Gehe drei Fäuste entlang dieser Linie, dann solltest du den hellsten Stern am Kopf von Aquila sehen können. Dieser Stern heißt Altair und hat auf jeder Seite kleinere Sterne, wie kleine Ohren.

<u>Wusstest du?</u>

- Wenn du Aquilas hellen Stern Altair mit Vega und Deneb verbindest, bildest du einen weiteren Sternenhaufen. Dieser Sternenhaufen wird Sommerdreieck genannt.
- Aquila ist das lateinische Wort für Adler, und Altair kommt von einem arabischen Ausdruck, der „fliegender Adler" bedeutet. Diese Sternenkonstellation hat einen Adler in einem Adler!

SCHÜTZE (SAGITTARIUS)

Der Schütze ist ein weiteres Sternbild, das nahe am Horizont bleibt und nie höher als 20 Grad wird. Das bedeutet, dass es draußen sehr dunkel sein muss, und auch dann könntest du auch nur einen Teil dieses geheimnisvollen Bogenschützen sehen. Die einzige Zeit, um den Schützen auf der Nordhalbkugel zu sehen, ist von Juli bis September.

Schaue nach Süden und verwende die Tipps auf den vorherigen Seiten, um Altair zu finden. Miss mit deinen Fäusten 40 Grad von Altair zum südwestlichen Horizont. Du solltest dich jetzt in der Nähe einer besonderen Sterngruppe im Schützen befinden: der Teekannen-Sterngruppe. Diese Sternengruppe bildet die Brust und die Arme des Bogenschützen, wenn er seinen Bogen zurückzieht, bereit, auf den nahen Skorpion zu schießen.

. . .

<u>Wusstest du?</u>

- Obwohl du den Schützen auf der Nordhalbkugel sehen kannst, wird er eher als Sternbild der südlichen Hemisphäre angesehen. Es ist tatsächlich das größte Sternbild der südlichen Hemisphäre, aber insgesamt nur das 15. größte Sternbild.
- Der Schütze befindet sich im Zentrum der Milchstraße. Dies erklärt, warum es so viele Sternenhaufen und Nebel im Sternbild gibt.

DIE GESCHICHTE DES SCHÜTZEN

Hier ist eine weitere überlieferte legendäre Geschichte. Das Sternbild Schütze soll Chiron darstellen, der in der griechischen Mythologie (Sagenlehre) ein Bogenschütze war, aber er war etwas ganz Besonderes, weil er auch ein Zentaur (eine mythologische Kreatur, ein Fabelwesen) war. Ein Zentaur hat den Körper eines Pferdes, aber wo der Hals des Pferdes sein sollte, sind Oberkörper, Arme und Kopf eines Mannes. Zentauren galten als sehr weise, und Chiron war der weiseste von allen. Er unterrichtete viele große Helden wie Herkules, Jason und Achilles.

Eines Tages gab es einen Unfall und Chiron wurde wirklich unwohl, weil er von der Hydra vergiftet wurde, die Herkules besiegte. Obwohl Chiron ein erfahrener Heiler war, konnte er nicht verhindern, dass das Gift ihn krank machte. Also hob Zeus Chiron hoch und setzte ihn in die Sterne, wo er für immer bleiben und nicht mehr krank sein konnte.

KAPITEL 6
STERNENKONSTELLATIONEN (STERNBILDER) FÜR DIE HERBSTZEIT

Wenn die Tage kürzer werden, hast du nachts mehr Zeit, um die Sterne zu beobachten. Die Sterne, die du im Frühling gesehen hast, sind jetzt so weit entfernt, wie sie nur sein können, und ein völlig neues Sternensystem funkelt am Himmel.

PEGASUS (DAS GEFLÜGELTE PFERD)

Das mächtige geflügelte Pferd lässt sich als Sternenkonstellation recht gut finden. Es hat eine leicht erkennbare Form, einschließlich einer Sternengruppe in Form eines Quadrats. Hals und Kopf des Pegasus beginnen an einer Ecke dieses Quadrats bei einem Stern namens Markab. Zwei Vorderbeine kommen von einem anderen Stern namens Scheat. Du kannst Pegasus von September bis Dezember am Himmel sehen.

Verwende deinen Kompass, um den östlichen Horizont zu finden, und miss im September 30 Grad und im Oktober 60 Grad. Du solltest in der Lage sein, die Sternengruppe des Großen Quadrats zu sehen, da die vier Sterne an den Ecken sehr hell sind. Wenn du im November suchst, denke daran, nach Süden statt nach Osten zu schauen und 70 Grad nach oben zu messen. Im Dezember bewegt sich Pegasus ganz nach Westen und kann in 50 Grad Höhe gefunden werden.

Du kannst Pegasus auch finden, wenn du weißt, wo sich der Nordstern befindet. Du kannst ihn finden, indem du den Großen Wagen findest und den Zeigersternen folgst. Stelle dir eine Linie vom Ende des Griffs des Großen Wagens zu Polaris vor. Miss erneut doppelt so weit, und du solltest eine Gruppe von Sternen erreichen, die eine W-Form bilden. Finde den hellsten Stern am Ende von diesem W und zeichne eine weitere Linie von Polaris, die durch ihn durchgeht. Diese Linie bringt dich zum Großen Platz des Pegasus.

<u>Wusstest du?</u>

- Da der Große Platz so leicht zu erkennen ist, wird er von Navigatoren und Astronomen verwendet, um andere Merkmale im Weltraum zu finden.
- Der erste entdeckte Planet außerhalb unseres Sonnensystems umkreist einen Stern im Pegasus.

DIE GESCHICHTE VON PEGASUS, DEM GEFLÜGELTEN PFERD

Hier ist die Fabel vom mächtigen Pegasus. Pegasus gehörte einem griechischen Helden namens Bellerophon. Gemeinsam erlebten sie viele Abenteuer. Pegasus half Bellerophon beim Kampf gegen ein schreckliches Monster namens Chimera. Es war teils Löwe, teils Ziege und teils Schlange, und es spuckte Feuer.

Pegasus war ein ganz besonderes Pferd, und das nicht nur, weil es Flügel hatte und fliegen konnte. Wenn es mit dem Huf auf den Boden stampfte, schoss Wasser in einem Strahl hoch, und wenn Pegasus seine Flügel zusammenklappte, wie wir in unsere Hände klatschen, erzeugte es Donnergeräusche. Pegasus war auch das einzige Tier, das die Blitze von Zeus ertragen konnte, ohne verletzt zu werden. Zeus lieh sich Pegasus oft aus, damit er ihm helfe, und er beschloss, eine Sternenkonstellation zu erschaffen, um Pegasus für seine Loyalität und Hilfsbereitschaft zu ehren.

STEINBOCK (CAPRICORN)

Als der griechische Philosoph Ptolemäus die Geschichten aller Sternbilder niederschrieb, sagte er, der Steinbock sei das Ebenbild des griechischen Gottes Pan. Pan war ein Mann mit Ziegenhörnern und Ziegenbeinen. In einer Geschichte wurde Pan von einem Monster gejagt und musste in einen Fluss springen, um zu entkommen. Als seine Beine nass wurden, verwandelten sie sich in einen Fischschwanz.

Das Sternbild Steinbock ist mit bloßem Auge nur schwer zu erkennen, da die Sterne, aus denen dieses Bild besteht, sehr schwach sind. Wenn du einen Blick auf das geheimnisvolle halb Ziege - halb Fisch - Wesen erhaschen möchtest, musst du dich an einen sehr dunklen Ort begeben, der weit entfernt von künstlichem Licht liegt. Der Steinbock ist zwischen September und November sichtbar.

. . .

Stelle sicher, dass du nach Süden ausgerichtet bist, und halte Ausschau nach den hellen Sternen Vega und Altair. Diese Sterne befinden sich in den Sternbildern Lyra und Aquila. Stelle dir ausgehend von Altair eine Linie vor, die durch Vega verläuft. Miss drei Fäuste (30 Grad) von Vega, dann solltest du auf dem Sternbild Steinbock landen.

Eine andere Möglichkeit, den Steinbock zu finden, besteht darin, 30 Grad über dem südlichen Horizont zu messen. Schaue im September leicht nach Osten und im Oktober leicht nach Westen.

Wusstest du?

- Der Stern in den Hörnern des Steinbocks, namens Algedi, besteht eigentlich aus zwei Sternen! Diese Sterne umkreisen einander, und du kannst die einzelnen Sterne mit einem Fernglas sehen.
- Die meisten Sternbilder wurden zuerst von den alten Griechen niedergeschrieben, aber der Steinbock scheint von den Babyloniern entworfen worden zu sein. Es wurden antike Relikte mit Bildern einer Ziege mit Fischschwanz gefunden, die 4.000 Jahre alt sind.

WASSERMANN (AQUARIUS)

Erinnerst du sich an Ganymed, den jungen Mann, der vom Adler Aquila, über den wir zuvor gesprochen haben, auf den Olymp gebracht wurde? Nun, er ist das Sternbild Wassermann. Die Geschichte besagt, dass Ganymed im Gegenzug dafür, dass er den Göttern Getränke brachte und ihre Becher füllte, wenn sie durstig waren, versprochen wurde, dass er niemals alt werden würde. Zeus setzte ihn in die Sterne, damit er immer dort sein würde.

Du kannst versuchen, dieses Sternbild zwischen September und November zu entdecken, aber es könnte viel Übung erfordern, da der Wassermann keine hellen Sterne hat. Er steht dem Steinbock und den Fischen sehr nahe, sodass du diese anderen Konstellationen zur Orientierungshilfe nutzen kannst.

· · ·

Wie die alten Astronomen kannst du das Große Quadrat des Pegasus verwenden, um den Wassermann zu finden. Finde den Stern Scheat, das ist die Ecke des Quadrats mit den Beinen von Pegasus. Ziehe eine Linie von diesem Stern zu Markab, dem Stern am Halsansatz von Pegasus. Halte diese Linie für 20 Grad durch Markab, dann solltest du beim Wassermann landen.

Du kannst den Wassermann auch finden, indem du nach Süden schaust – vergiss nicht, einen Kompass oder eine Kompass-App zur Hilfe zu nehmen. Miss 30 Grad über dem Horizont. Schaue im September nach Südosten und im November nach Südwesten, um dem Wassermann über den Nachthimmel zu folgen.

Wusstest du?

- Der Name Aquarius kommt vom lateinischen Wort aqua und bedeutet Wasser. In den Sternen ist der Wassermann zu sehen, wie er Wasser aus einem Krug gießt.
- Der Wassermann ist eine von mehreren Sternenkonstellationen mit einem Wasserthema. Diese befinden sich in einem Bereich des Weltraums, der als „The Sea" (das Meer) bekannt ist.

KASSIOPEIA

Die Fabel von Königin Kassiopeia enthält griechische Götter und Seeungeheuer! Königin Kassiopeia rühmte sich einst, sie sei noch schöner als Poseidons Töchter. Poseidon, der griechische Gott des Meeres, war mit ihren Behauptungen nicht sehr zufrieden und schickte eine Seeschlange, um ihr Königreich anzugreifen. Nach Kassiopeias Niederlage wurde sie als Strafe für ihre Eitelkeit in die Sterne gesetzt. In ihrer Sternenkonstellation ist sie an einen riesigen Thron gekettet und muss ein halbes Jahr kopfüber hängen.

Das Sternbild Kassiopeia ist eines der wenigen Sternbilder, das das ganze Jahr über sichtbar ist, aber die beste Zeit, um es zu sehen, ist zwischen September und Februar. Kassiopeia liegt in der Nähe des Polarsterns. Finde den Großen Wagen und ziehe eine Linie von den Zeigersternen zu Polaris. Führe die Linie noch einmal für die gleiche Strecke weiter, dann landest du auf Kassiopeia. Die fünf Sterne von Kassiopeia haben die Form eines W oder M, je nachdem, wie hoch sie stehen. Alle fünf Sterne sind sehr hell, also sollten sie leicht zu erkennen sein.

Kassiopeia ist in den Herbst- und Wintermonaten in den nördlichen Richtungen zu finden, sodass du einen Kompass verwenden kannst, um sicherzustellen, dass du in die richtige Richtung schaust. Schaue im September nach Nordosten, wende dich für November nach Norden und im Januar nach Nordwesten. Das Sternbild steigt und fällt über dir, sodass es im September und Februar 30–40 Grad hoch ist und im November auf 70 Grad ansteigt.

<u>Wusstest du?</u>

- Alle fünf Sterne in Kassiopeia haben offizielle Namen. Sie sind Segin, Ruchbah, Gamma, Schedar und Caph. Schedar sieht orange aus, während alle anderen weiß erscheinen.
- Früher hieß das Sternbild „Kassiopeias Stuhl" wegen des Throns, an den sie gebunden ist. Der Name wurde erst 1930 geändert.

WIDDER (ARIES)

Die mythologische Geschichte vom Sternbild Widder besagt, dass er ein besonderer Widder mit einem wunderschönen goldenen Vlies war. Er wurde Zeus als Tribut angeboten, und Zeus setzte den Widder in die Sterne. Das Goldene Vlies des Widders wurde von einem Drachen bewacht. Der Held Jason wurde geschickt, um es zu bergen.

Dieses Sternbild ist am besten zwischen Oktober und Januar zu sehen, und selbst dann kann es schwierig sein, es zu erkennen. Halte Ausschau nach dem hellsten Stern, Hamal, der dir hilft. Der Widder hat die Form einer geraden Linie mit einer leichten Biegung am Ende, und Hamal befindet sich in der Mitte.

. . .

Der einfachste Weg, den Widder zu finden, besteht darin, zuerst nach Kassiopeia zu suchen. Finde die beiden Sterne namens Caph und Schedar. Denke daran, Schedar ist leicht zu erkennen, weil es einen gelb-orangen Farbton hat. Ziehe eine Linie zwischen den beiden und folge ihr um 40 Grad über Schedar hinaus. Dies führt dich zum Sternbild Widder.

Widder mit deinem Kompass zu finden ist schwieriger, weil er sich zwischen den Monaten viel bewegt. Blicke im Oktober nach Osten und miss 30 Grad nach oben. Blicke im November nach Südosten und miss 70 Grad nach oben. Im Dezember miss immer noch 70 Grad nach oben, aber diesmal musst du sicherstellen, dass du nach Süden ausgerichtet bist. Im Januar musst du nach Westen schauen und 50 Grad vom Horizont nach oben messen.

<u>Wusstest du?</u>

- Der Widder beherbergt eine Spiralgalaxie, die 450 Millionen Lichtjahre von der Erde entfernt ist.
- 2.000 Jahre bevor die Griechen den Widder nannten, wurde das Sternbild bereits von babylonischen Astronomen in Form eines Widders vorgestellt.

FISCHE (PISCES)

Pisces ist das lateinische Wort für Fische, und es gibt zwei Fische in dieser Konstellation. Die Geschichte besagt, dass das Sternbild zwei Fische darstellt, die die Göttin Aphrodite und ihren Sohn Eros retteten, als sie von einem Monster gejagt wurden. Sie sprangen in einen Fluss, um zu entkommen, und zwei Fische schwammen hinüber und halfen ihnen, sich in Sicherheit zu bringen.

Dies ist als eine weitere knifflige Sternenkonstellation zu erkennen, da es in den Fischen keine hellen Sterne gibt. Die Konstellation ist eine große V-Form mit einem Stern an der Spitze, der die Schwänze der beiden Fische miteinander verbindet. Dieser Stern heißt Alrescha.

. . .

Die beste Zeit, um die Fische zu entdecken, ist zwischen Oktober und Januar. Du kannst das Große Quadrat verwenden, um die Fische zu finden. Wenn du 10 Grad östlich des Großen Platzes misst, solltest du auf einem der Fische landen, und wenn du 10 Grad südlich misst, solltest du den anderen finden. Alrescha liegt 20 Grad nach Südosten.

Finde im Oktober mit deinem Kompass den östlichen Horizont und miss 30 Grad nach oben, um die Fische zu finden. Mache dasselbe im Januar, aber mit Blick nach Westen. Im November und Dezember musst du nach Süden schauen und 60–70 Grad messen.

Wusstest du?

- Die Fische befinden sich in dem Bereich des Himmels, der als „Das Meer" bekannt ist, zusammen mit anderen Sternbildern zum Thema Wasser wie Wassermann und Steinbock.
- Dreizehn der Sterne in den Fischen haben ihre eigenen Planeten.

KAPITEL 7
STERNENKONSTELLATIONEN (STERNBILDER) FÜR DIE WINTERZEIT

Der Winter ist nicht immer die einfachste Zeit, um Sternbilder zu sehen, was schade ist, da einige nur in diesen Monaten sichtbar sind. Schlechtes Wetter bedeutet, dass der Himmel oft bewölkt ist und die Sterne verdeckt sind. Wenn du es jedoch schaffst, einen klaren Tag zu erwischen, gibt es einige großartige Sternenkonstellationen zu entdecken.

STIER (TAURUS)

Der Stier Taurus kann sowohl auf der Nord- als auch auf der Südhalbkugel herumwüten, jedoch zu unterschiedlichen Jahreszeiten. Du kannst ihn am besten zwischen Dezember und März sehen, wenn du in Richtung Süden schaust.

Der Stier steht dem Sternbild Orion sehr nahe. Wenn du eine imaginäre Linie durch die Sterne auf Orions Gürtel ziehest und ihr weitere 30 Grad nach Westen folgst, erreichst du den Kopf des Stiers. Der Kopf ist ein kleines Dreieck mit zwei langen Hörnern, die aus der Spitze herausragen. Wenn du deiner Linie weitere 10 Grad folgst, kommst du zu einem Sternhaufen namens „Die Plejaden".

. . .

Der Stier steht im Dezember und März niedriger am Himmel, daher musst du 40–50 Grad vom südlichen Horizont messen. Schaue im Dezember und Januar ein wenig nach Osten und im März ein wenig nach Westen. Im Januar und Februar musst du 60–70 Grad messen, wenn die Sterne höher aufsteigen.

Wusstest du?

- Das Sternbild Stier wird seit mehr als 10.000 Jahren als Stier gezeichnet! Bilder dieser Anordnung wurden in Höhlenmalereien gefunden.
- Stier und Orion stehen sich gegenüber wie im Kampf. Das macht Sinn, weil Orion ein großartiger Jäger ist.

DIE GESCHICHTE VON TAURUS, DEM STIER

In dieser magischen Geschichte interessierte sich Zeus für eine menschliche Prinzessin namens Europa und wollte, dass sie ihn auch mag. Da Menschen nur verkleidete Götter sehen können, beschloss Zeus, sich in einen riesigen weißen Stier zu verwandeln. Er ging zu Europa, als sie am Ufer Blumen pflückte. Europa hatte noch nie einen so freundlichen Stier gesehen und sie kletterte auf Zeus' Rücken. Er stürzte ins Meer und schwamm den ganzen Weg bis zur Insel Kreta, wobei Europa immer noch auf seinem Rücken ritt.

Zeus verwandelte sich in einen Mann und sagte Europa, wer er war. Sie blieb auf der Insel und sie gründeten zusammen eine Familie. Weil Zeus ein Gott war, wurde er nicht älter, aber Europa tat es. Als sie starb, war Zeus sehr traurig, also verwandelte er sich noch einmal in den Stier und trug Europa zu den Sternen hinauf, wo sie zum Sternbild Taurus, dem Stier, wurden.

ORION

Orion ist eines der berühmtesten Sternbilder und auch eines der am einfachsten zu erkennenden. Durch den markanten Gürtel aus drei hellen Sternen ist er auch bei nicht sehr dunklem Himmel zu sehen. Obwohl du den Orion zu vielen Jahreszeiten sehen kannst, ist die beste Zeit, um das Sternbild zu sehen, von Januar bis März.

Orion mit einem Kompass zu finden ist ganz einfach. Verwende ihn, um den südlichen Horizont zu finden und zu messen. Im Januar musst du leicht nach Osten schauen und 30 Grad messen. Schaue im März leicht nach Westen und miss 40 Grad. Im Februar ist die Sternenkonstellation am höchsten, daher musst du 50 Grad messen.

· · ·

Du kannst Orion auch finden, ohne zu messen, weil Orions Gürtel so hell ist. Wende dich nach Süden und schaue nach oben, bis du drei helle Sterne in einer Reihe siehst. Orions Schultern erheben sich vom Gürtel. Achte auf den hellen Stern namens Beteigeuze in seiner Achselhöhle! Orions Knie sind gleich weit unter dem Gürtel, und der helle Stern auf einem Knie ist Rigel.

Wusstest du?

- Der Gürtel des Orion ist eine Sternengruppe, die seit Tausenden von Jahren anerkannt ist. Die alten Ägypter entwarfen ihre Pyramiden so, dass sie auf diese Sterngruppe hinweisen.
- Unter dem Gürtel des Orion befindet sich der Orion-Nebel, aber du kannst ihn ohne ein starkes Teleskop nicht sehen, da er sehr weit entfernt ist.

DIE GESCHICHTE HINTER ORION

Dies ist die alte Legende von Orion, einem Jäger, der mit Artemis, der griechischen Göttin des Waldes und der wilden Tiere, lebte. Orion war ein Halbgott und sein Vater war Poseidon, der griechische Gott des Meeres. Orion und Artemis waren verliebt und wollten heiraten, aber ihr Bruder Apollo wollte das nicht. Er beschloss, Artemis einen Streich zu spielen. Sie war auch eine sehr gute Jägerin, und Apollo forderte sie heraus, einen Pfeil abzufeuern und ein kleines Ziel im See zu treffen. Der See war sehr weit weg. Artemis war jedoch eine ausgezeichnete Schützin, und ihr Pfeil traf das Ziel.

Als sie nachsehen wollte, was sie getroffen hatte, war sie verärgert, als sie sah, dass es Orion war, der im See geschwommen war. Artemis wollte ihn nicht vergessen und setzte sein Bild in die Sterne, wo er mit hoch erhobener Jagdkeule zu sehen ist.

ZWILLINGE (GEMINI)

Die Sterne, aus denen die Köpfe von Castor und Pollux bestehen, sind hell und leicht zu erkennen, aber um den Rest des Sternbildes Zwillinge sehen zu können, ist ein sehr dunkler Himmel erforderlich, da die Sterne viel schwächer sind. Deine beste Chance, die himmlischen Zwillinge zu sehen, ist zwischen Januar und April.

Suche zuerst den Gürtel des Orion und die Nachbarsterne Beteigeuze und Rigel. Wenn du dir eine Linie von Beteigeuze vorstellst, die ganz durch Rigel und weitere 30 Grad verläuft, solltest du dich in der Nähe von zwei ziemlich hellen Sternen befinden. Benannt nach den Zwillingen, ist der hellere Pollux und der andere Castor.

. . .

Wenn du Orion nicht sehen kannst, kannst du versuchen, die Zwillinge zu finden, indem du Grade vom Horizont misst. Blicke im Januar nach Osten und miss 40 Grad hoch. Im Februar, März und April musst du ungefähr nach Süden ausgerichtet sein und etwa 60–70 Grad hoch messen. Sobald du die beiden Zwillingssterne entdeckt hast, solltest du nach zwei Strichmännchen-Körpern Ausschau halten, die, wie die Köpfe, parallel zu den hellsten Sternen liegen.

Wusstest du?

- Castor ist eigentlich ein ganzes System aus 6 Sternen, die so nah bei einander liegen, dass sie wie ein einziger Stern aussehen.
- Der Stern Castor sieht bläulich-weiß aus, und Pollux sieht gelb-orange aus. So kannst du sie voneinander unterscheiden. Vielleicht sind die Zwillinge doch nicht identisch!

DIE GESCHICHTE DER ZWILLINGE

Die berühmte Legende der Zwillinge erzählt von eineiigen Zwillingen! Das Sternbild Zwillinge ist nach Castor und Pollux, den Zwillingssöhnen der Königin von Theben, benannt. Sie sahen absolut identisch aus; Castors Vater war jedoch der König und Pollux' Vater war Zeus. Dies machte Pollux unsterblich, was bedeutete, dass er ewig leben konnte.

Castor und Pollux haben alles zusammen gemacht, einschließlich Abenteuer erleben. Sie halfen einem Helden namens Jason, das goldene Vlies von Aries, dem Widder, zu finden. Die Zwillinge hatten eine Schwester namens Helena, die die schönste Frau der Welt war. Eines Tages wurde Helena gefangen genommen und in die Stadt Troja gebracht. Ihre Brüder kämpften im Krieg, um sie zurückzubekommen, aber Castor wurde besiegt. Pollux wollte nicht mehr ohne seinen Bruder leben und bat Zeus, Castor zurückzubringen.

Selbst Zeus, der König der Götter, konnte niemanden von einer Niederlage im Kampf zurückbringen, aber er vereinte die Zwillinge wieder, indem er sie beide in den Nachthimmel setzte. Das Sternbild Zwillinge sieht aus wie zwei Strichmännchen mit jeweils einem Stern als Kopf. Ein Stern heißt Castor und der andere Stern heißt Pollux.

CANIS MAJOR

Canis Major ist lateinisch für „größerer Hund", und diese Konstellation repräsentiert einen von Orions Jagdhunden. Canis Major kann gesehen werden, wie er Orion am Himmel folgt. Er sieht auch so aus, als würde er ein anderes Sternbild namens Lepus jagen, das wie ein Kaninchen oder Hase aussieht. Canis Major ist ein wichtiges Sternbild, weil es den hellsten Stern am Himmel beherbergt: Sirius – manchmal auch „Hundestern" genannt.

Canis Major kommt nie sehr hoch in den Himmel, was es etwas schwierig macht, ihn zu erkennen. Du kannst ihn nur im Februar, März und April auf der Nordhalbkugel sehen.

. . .

Orion kann dir helfen, Canis Major zu finden. Suche nach Orions Gürtel und stelle dir vor, die drei Sterne zu verbinden. Setze diese Linie in Richtung Südosten fort und miss zwei Fäuste oder 20 Grad. Dann solltest du Sirius sehr nah kommen, der wie eine glänzende Marke am Halsband von Canis Major sitzt.

Wenn du nach Süden schaust und 3 Fäuste oder 30 Grad vom Horizont nach oben misst, solltest du auch Canis Major finden. Schaue im Februar ein wenig nach Osten und im April ein wenig nach Westen.

<u>Wusstest du?</u>

- Sirius sieht nur deshalb wie der hellste Stern am Himmel aus, weil er so nah an der Erde ist – nur 8,6 Lichtjahre entfernt. Im Vergleich zu einigen anderen Sternen leuchtet er nicht wirklich so hell.
- Es gibt ein weiteres „Hund"-Sternbild am Himmel namens Canis Minor, was auf Latein „kleiner Hund" bedeutet.

KAPITEL 8
UNGLAUBLICHE EREIGNISSE AM HIMMEL!

Jetzt, da du die besten Jahreszeiten kennst, um bestimmte Sternbilder zu sehen, möchtest du vielleicht auch nach einigen der anderen aufregenden Dinge Ausschau halten, die im Weltraum passieren.

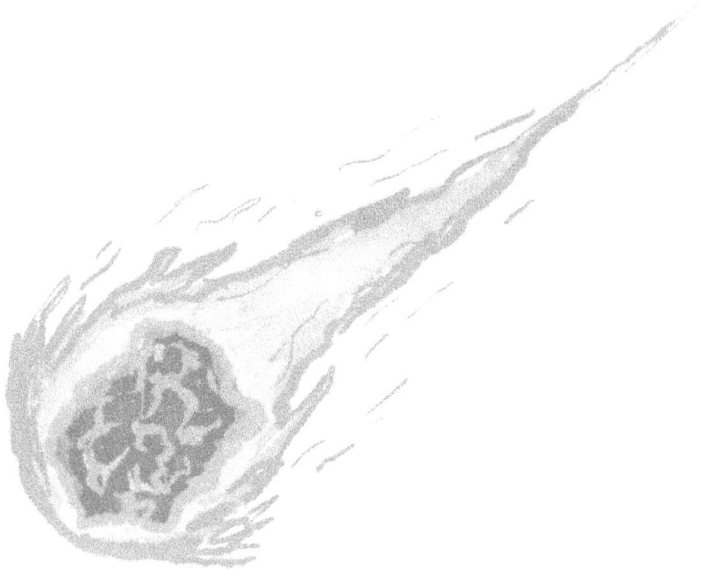

KOMETEN

Kometen umkreisen die Sonne genau wie die Planeten, aber sie sind viel, viel kleiner. Sie bestehen hauptsächlich aus Eis, enthalten aber auch Gesteinsbrocken und Gas. Wenn sie im Weltraum herumfliegen, lassen sie viele Teile fallen und hinterlassen Wolken aus Weltraumstaub. Dieser Staub erscheint wie ein langer, unscharfer Schweif, der hinter jedem Kometen herzieht. Der Kopf des Kometen brennt hell und die meisten sind mit bloßem Auge leicht zu erkennen.

. . .

Kometen brauchen viel länger für einen Umlauf um die Sonne als wir, weil sie weiter entfernt sind – sogar weiter entfernt als Neptun. Einige Kometen brauchen Hunderte von Jahren, um ihre Umlaufbahn zu beenden. Der berühmteste Komet heißt Halleyscher Komet und es dauert etwa 76 Jahre, bis er die Sonne einmal umrundet hat.

Wenn einige Kometen wie der Halleysche Komet an der Erde vorbeifliegen, können wir sie sehen. Das kommt nicht oft vor, was es richtig spannend macht, wenn einer auftaucht. Der Halleysche Komet wird bis 2061 nicht mehr von der Erde aus sichtbar sein, und viele Menschen, die ihn 1986 gesehen haben, werden ihn nicht mehr sehen.

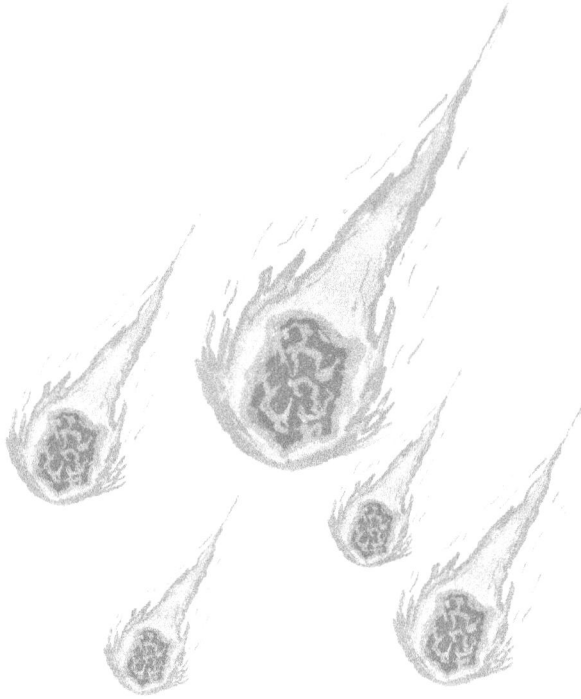

METEORITEN SCHAUER

Du weißt bereits, dass Meteore kleine Stücke aus Weltraumgestein oder Staub sind, aber ich wette, du wusstest nicht, wie viele Meteore jedes Jahr durch die Erdatmosphäre stürzen. Meteoritenschauer sind wie riesige Feuerwerke, bei denen im Laufe mehrerer Tage Unmengen von Meteoren erscheinen.

. . .

Meteore werden von Kometen erzeugt. Wenn die Erdumlaufbahn durch einen Strom von Weltraumstaub geht, den ein Komet hinterlassen hat, erhitzen sich der Staub und die Steine, die in die Atmosphäre gelangen, so schnell, dass sie hell brennen und wie Sternschnuppen aussehen.

Da sich die Erde jedes Mal, wenn sie um die Sonne kreist, durch die gleichen Staubwolken bewegt, können Astronomen jedem sagen, wann die Meteoritenschauer stattfinden werden. Es gibt jeden Tag Hunderte von Meteoren, die die Erde treffen, auch wenn es nicht Nacht ist, aber du musst genau auf die richtige Zeit achten, um einen zu entdecken.

Wenn du einen Meteoritenschauer sehen möchtest, überprüfe die besten Tage auf einer Website wie timeanddate.com. Begib dich am besten irgendwohin auf dem Land, weit weg von Städten, die viel Licht abgeben. Stelle sicher, dass du freie Sicht zum Himmel hast, lege dich auf etwas Bequemes und warte einfach.

HIER SIND EINIGE BERÜHMTE METEORITENSCHAUER:

- Der Quadrantidenschauer findet jedes Jahr in den ersten beiden Januarwochen statt. Auf seinem Höhepunkt kannst du jede Stunde bis zu 110 Meteore sehen! Sie entstehen in der Nähe des Sternbildes Boötes, weshalb sie manchmal auch Boötiden genannt werden.

- Die Lyriden beginnen in der Nähe des Sternbildes Lyra und treten Mitte April auf. Du kannst sie sowohl von der nördlichen als auch von der südlichen Hemisphäre aus sehen. Du musst dich jedoch gedulden, denn selbst an den besten Tagen wirst du wahrscheinlich nicht mehr als 18 Meteore pro Stunde sehen.

- Der Meteoritenschauer der Perseiden ist der hellste des Jahres und dauert fast den ganzen Juli und August. Die beste Zeit zum Beobachten ist die zweite Augustwoche, wenn du stündlich bis zu 100 Meteore über den Himmel strömen sehen kannst. Die Perseiden scheinen aus dem Sternbild Perseus zu kommen, aber sie sind eigentlich die Wolke eines Kometen namens Swift-Tuttle.

- Die Leoniden treten jeden November aus dem Sternbild Löwe hervor und sind am besten in der Mitte des Monats zu sehen. Selbst dann wirst du wahrscheinlich nur alle fünf Minuten einen Meteor sehen.

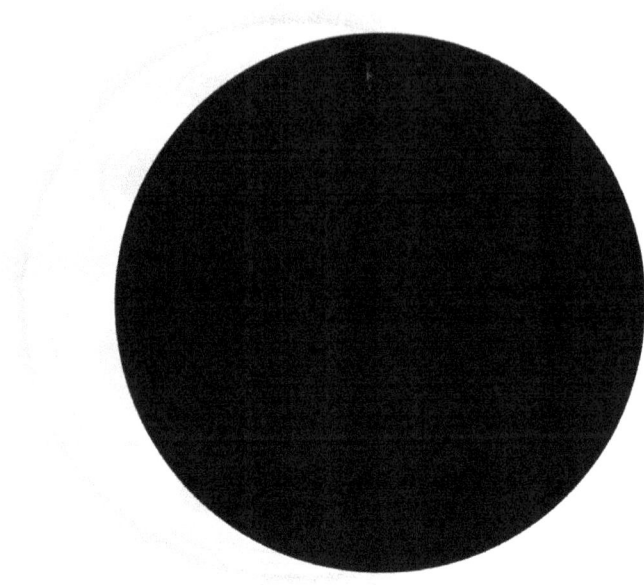

TOTALE MONDFINSTERNIS

Der Mond ist das hellste Objekt am Nachthimmel und daher kaum zu übersehen. Ist dir schon einmal aufgefallen, dass der Mond seine Form verändert? Manchmal verschwindet er sogar ganz. Dies geschieht, wenn die Erde zwischen Sonne und Mond gerät und das Licht der Sonne blockiert wird. Es passiert nur bei Vollmond und normalerweise nur zweimal im Jahr. Du wirst jedoch nicht alle Mondfinsternisse sehen können, da sie nur von bestimmten Orten auf dem Planeten aus sichtbar sind.

· · ·

Es gibt zwei Arten von Mondfinsternissen. Eine totale Mondfinsternis tritt auf, wenn der Mond für einige Minuten vollständig verschwindet. Dies bedeutet, dass die Erde das Licht der Sonne vollständig blockiert hat. Eine partielle Mondfinsternis tritt auf, wenn sich die Erde nicht vollständig zwischen Sonne und Mond befindet. Wenn dies passiert, siehst du, wie der Schatten über das Gesicht des Mondes gleitet, als würde jemand hineinbeißen.

KAPITEL 9
WUSSTEST DU, WIE ERSTAUNLICH DER MOND IST?

Da der Mond immer da ist, kann es leicht sein, ihn für selbstverständlich zu halten, aber er ist wirklich etwas ganz Besonderes. Der Mond ist das einzige natürliche Ding, das die

Erde umkreist, und er existiert dort seit 4,6 Milliarden Jahren! Das ist 1 Milliarde Jahre bevor die ersten Lebewesen auf der Erde erschienen.

WOHER KAM DER MOND?

Für Wissenschaftler ist es sehr schwierig, genau zu wissen, woher der Mond kam, weil niemand in der Nähe war, um ihn zum ersten Mal erscheinen zu sehen. Ihre beliebteste Vermutung ist, dass der Mond tatsächlich aus Teilen der Erde besteht! Vor Milliarden von Jahren wurde die Erde wahrscheinlich von einem großen Objekt von der Größe eines kleineren Planeten getroffen. Dadurch brach die Erde auseinander und Teile flogen in den Weltraum. Der andere Planet wäre demnach auch komplett zerfallen (als würde ein Keks zerbröseln), und diese Staubpartikel schwammen vermutlich im Weltraum herum.

Da die Erde eine starke Schwerkraft hat, begann sie, diese Krümel und Felsen zusammenzuziehen und schließlich den Mond zu erschaffen. Diese Theorie erklärt, warum es auf dem Mond Gesteine, Metalle und Gase gibt, die genau die gleichen sind wie auf der Erde.

MONDMÄUSE? VOLLKOMMENES MOND-MEER!

Weil wir sehen können, dass die Oberfläche des Mondes voller Unebenheiten und Flecken ist, scherzten die Leute früher, dass sie aus Käse sei! Hast du schon einmal eine Scheibe Schweizer Käse gesehen? Er ist bröselig und voller Löcher und sieht genauso aus wie der Mond, nur gelb. Leider besteht der Mond tatsächlich aus Stein, was nicht so lecker ist. Er hat auch Merkmale wie die Erde mit Bergen und Meeren, und Wissenschaftler haben ihnen sogar alle Namen gegeben. Das berühmteste ist das Meer der Ruhe, wo die Astronauten Neil Armstrong und Buzz Aldrin landeten, als sie 1969 den Mond besuchten.

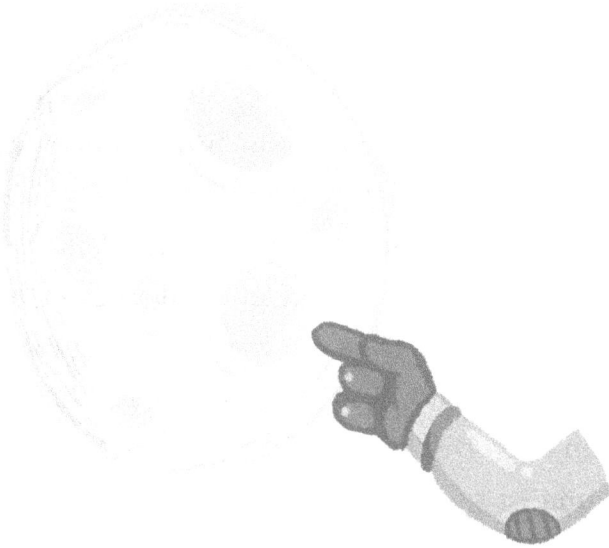

KRATER

Die Unebenheiten und Löcher, die du auf dem Mond sehen kannst, werden Krater genannt. Sie sind wie große Schalen und machen mehr als 80 % der Mondoberfläche aus. Hast du schon einmal Steine in einen Sandkasten oder in den Sand am Strand geworfen? Diese Steine hinterlassen kleine Krater und tauchen in den Sand ein, wenn sie darauf treffen. Die Krater auf dem Mond sind entstanden, als Meteore und anderer Weltraumschrott auf den Mond einschlugen.

BERGE

Zwischen den Kratern des Mondes kannst du einige wirklich hohe Berge finden. Sie wurden auch durch den Aufprall von Steinen auf dem Mond gebildet. Wenn ein Meteor auf den Mond trifft, schiebt er Stein und Staub aus dem Weg. Ein Teil davon wird zerquetscht, aber andere Teile werden an die Seite des Kraters geschoben. Dadurch werden die Seiten größer, und wenn viel Stein und Staub zur Seite geschoben werden, entsteht ein Berg. Der höchste Berg auf dem Mond heißt Mons Huygens und ist 5,5 Kilometer hoch. Das ist etwa so hoch wie der Mount Saint Elias in Alaska.

MARIA

Die dunklen, flachen Teile des Mondes werden Maria genannt, ein anderes Wort für Meere. Die ersten Astronomen, die den Mond mit einem Teleskop betrachteten, dachten, dass diese Maria aussahen, als wären sie aus Wasser. Dies stellte sich jedoch als Irrtum heraus, da es auf dem Mond kein Wasser gibt.

Die Maria sind flach, weil sie früher mit Lava bedeckt waren. Dies entstand wahrscheinlich im Zentrum des Mondes, als all der Staub und die Teile der Erde zusammengedrückt wurden. Jetzt gibt es dort keine Lava mehr. Sie ist abgekühlt und hat sich in eine Gesteinsart namens Basalt verwandelt. Roboter haben den Mond besucht und einige dieser Basaltfelsen zurück zur Erde gebracht, damit Wissenschaftler sie untersuchen können. Wissenschaftler sind sehr begeistert von Mondgestein und haben etwa 400 kg Proben gesammelt. So viel wiegt ungefähr ein amerikanisches Krokodil!

MONDPHASEN UND UMLAUFBAHNEN

Der Mond umkreist die Erde genauso wie alle Planeten die Sonne umkreisen. Es dauert ungefähr 28 Tage, bis der Mond die Erde umrundet hat und wieder an seinen Ausgangspunkt zurückgekehrt ist. Auch der Mond dreht sich um seine eigene Achse. Für eine volle Umdrehung benötigt der Mond etwa 28 Tage. Da der Mond für eine Drehung genauso lange braucht wie für eine Umrundung der Erde, ist dem Planeten immer dieselbe Seite des Mondes zugewandt. Deshalb ist das Muster auf seiner Oberfläche immer gleich, egal wo am Himmel der Mond steht.

. . .

Während seines 28-tägigen Zyklus ändert der Mond seine Form. Dies geschieht, weil das Licht der Sonne auf verschiedene Teile des Mondes trifft. Manchmal scheint das Licht auf die Seite des Mondes, die wir von der Erde aus nicht sehen können, und das lässt den Mond dunkel erscheinen. Versuche, eine Orange mit einer Taschenlampe zu beleuchten, indem du das Licht langsam in einem Kreis um die Frucht bewegst.

Der Mond hat fünf verschiedene Stadien in seinem Zyklus:

- Vollmond: Zu diesem Zeitpunkt sieht der Mond vollständig rund aus und wir können alle Seiten des Kreises sehen.
- Halbmond: Der Mond sieht auf einer Seite gequetscht aus, wenn er von Schatten bedeckt wird.
- Viertelmond: Nur die Hälfte des Mondes ist sichtbar. Der Rest ist dunkel. Warum heißt er Viertelmond und nicht Halbmond? Denn auch die andere, der Erde abgewandte Seite des Mondes ist dunkel. Das bedeutet, dass der Mond zu einem Viertel im Licht und zu drei Vierteln im Schatten liegt.
- Halbmond: Dies ist die Mondform, die wir oft auf Bildern sehen, wo sie wie ein Lächeln auf der Seite aussieht.

- Neumond: Dies ist die dünnste Scheibe des Mondes und oft so dunkel, dass wir ihn mit unseren Augen nicht sehen können. Es dauert nur ein oder zwei Tage, also ist der Mond nicht lange weg.

Der Mond braucht zwei Wochen, um von einem Vollmond zu einem Neumond zu gehen. Wenn die Fläche des Mondes, die das Sonnenlicht reflektiert, kleiner wird, sagen wir, dass der Mond abnimmt. Es dauert weitere zwei Wochen, bis der Mond vom Neumond wieder zum Vollmond übergeht. Während dessen werden die Schatten, die den Mond bedecken, mit der Zeit kleiner und die hellere Seite wird größer. Wir nennen dies den zunehmenden Mond.

MONDBESUCHER

Da der Mond das der Erde am nächsten gelegene Weltraumobjekt ist, ist es für Wissenschaftler am einfachsten, Raumfahrzeuge dorthin zu schicken. Einige dieser Raketen hatten Astronauten in sich, einige hatten Roboter und andere sind einfach in die Nähe geflogen und haben Fotos gemacht.

In den 1950er Jahren wollten sowohl die Vereinigten Staaten als auch Russland unbedingt als erstes Land auf dem Mond landen. Beide bauten viele Raketen und entwarfen neue Formen, von denen sie hofften, dass sie die lange Reise überstehen würden. Diese Zeit in der Geschichte ist als Space Race (Weltraumrennen) bekannt.

Russland baute das erste Raumschiff, das ein Bild von der anderen Seite des Mondes machte. Sie machten auch die erste Landung auf der Mondoberfläche. Keines dieser Raumschiffe hatte jedoch Menschen im Inneren. Sie wurden von Piloten auf der Erde gesteuert.

Die Vereinigten Staaten waren das erste Land, das Astronauten zum Mond schickte. Das erste Raumschiff ist gerade um den Mond geflogen. Es hieß Apollo 8. Sieben Monate später landete ein Raumschiff namens Apollo 11 erfolgreich auf dem Mond, und zwei Astronauten, Neil Armstrong und Buzz Aldrin, stiegen aus und gingen herum.

In den nächsten Jahren schickten beide Länder Roboter zum Mond. Diese Roboter machten Fotos und Videos und sammelten Gesteinsproben. Der neueste Roboter auf dem

Mond wurde 2019 vom chinesischen Raumfahrtprogramm dorthin gebracht.

SCHLUSSFOLGERUNG

Gute Arbeit! Du hast viele Geheimnisse der Sterne entschlüsselt und bist bereit, deine Freunde mit deinem Wissen über die Sternbilder zu beeindrucken. Von der riesigen Jungfrau bis zur viel kleineren Corona Borealis kennst du alle Tipps und Tricks, um sie zu finden, sowie einige erstaunliche Fakten, die dich wie einen professionellen Astronomen klingen lassen.

In diesem Buch werden 24 Sternenkonstellationen erwähnt. Hast du es geschafft, sie alle zu entdecken? Hoffentlich hattest du viel Spaß dabei, etwas über die wunderbaren Bilder zu erfahren, die alte Zivilisationen in den Sternen gesehen haben, aber deine Abenteuer im Weltraum müssen hier nicht enden. Es gibt insgesamt 88 Sternbilder, und jetzt, da du weißt, wie man sich durch den Nachthimmel bewegt, bist du bereit, den Rest zu finden. Du kannst eine brillante App wie Stellarium verwenden, um alle Sternbilder am Himmel um dich herum zu sehen.

Während du zu den Sternen schaust, vergiss nicht, dass es auch viele andere Objekte zu finden gibt. Achte auf die verschiedenen Mondphasen, einige Planeten, die vorgeben, Sterne zu sein, und vielleicht sogar auf einen magischen Meteoritenschauer! Es gibt so viele Dinge im Weltraum zu erforschen, dass nicht einmal Wissenschaftler genau wissen, was sich dort draußen befindet. Wer weiß, was sie (oder du!) in Zukunft entdecken werden? Fröhliches Sternengucken!

GLOSSAR (WÖRTERVERZEICHNIS)

Einige der in diesem Buch verwendeten Wörter könnten dir neu sein. Was sie bedeuten, erfährst du hier.

Asterismus: Ein Muster, das am Nachthimmel entsteht, indem Sterne miteinander verbunden werden. Kleiner als ein Sternbild.

Astronom: Eine Art Wissenschaftler, der Dinge im Weltraum untersucht.

Achse: Eine gedachte Linie durch die Mitte von etwas, in der sich ein Objekt dreht.

Konstellation: Eine Gruppe von Sternen, die ein Muster bilden. Es gibt 88 offizielle Konstellationen.

Grad: Die Einheit, die verwendet wird, um die Größe eines Winkels zu messen.

Äquator: Eine gedachte Linie um die Mitte der Erde.

Galaxie: Viele Sterne, die durch die Schwerkraft zusammen gruppiert werden.

Schwerkraft: Eine Kraft, die aus dem Inneren eines großen Objekts kommt und kleinere Objekte anzieht.

Hemisphäre: Die Hälfte der Erde. Der Äquator teilt die Erde in die Nord- und Südhalbkugel.

Planet: Ein großes Objekt im Weltraum, das einen Stern umkreist.

Meteor: Ein kleiner Weltraumfelsen, der in die Erdatmosphäre eindringt und verbrennt, wodurch ein heller Streifen entsteht.

Nebel: Eine Staub- oder Gaswolke im Weltraum.

Umlaufbahn: Der Weg, den ein Objekt nimmt, das sich kreisförmig oder oval um ein anderes, größeres Objekt bewegt.

Stern: Ein Gasball, der sein eigenes Licht abgibt. Die Sonne ist unser nächster Stern.

DEIN FEEDBACK WIRD GESCHÄTZT!

Hey! Ich habe gerade dein Tageshoroskop gelesen, und es stand etwas Erstaunliches darin!

Was?

Hier steht, dass dein Sternzeichen sehr freundlich ist und immer anderen hilft. Es hieß auch, dass heute ein großartiger Tag für gute Taten ist!

Wusstest du, dass du uns helfen kannst, indem du eine Bewertung für dieses Buch auf Amazon oder Audible hinterlässt?

Super, gut zu wissen, dass wir helfen können!

Als unabhängiges Verlagsteam, das durch den Weltraum fliegt, würde es uns das UNIVERSUM bedeuten, dein Feedback zu erhalten. Es wird uns helfen, bessere Bücher für dich zu schreiben und andere neugierige Köpfe anzuziehen!

Vielen Dank!

Aniela Publications

www.ingramcontent.com/pod-product-compliance
Lightning Source LLC
Chambersburg PA
CBHW071957260326
41914CB00004B/833